AF453566

FACTVM,

POVR LES PRESTRES ET LES HERMITES
du Mont-Valerien.

*Pour servir de Replique aux Iacobins Réformez,
de la ruë saint Honoré.*

V I S Q V E les PP. Iacobins forcent les Prestres & les Hermites du Mont-Valerien de iustifier plus amplement ce qu'ils ont avancé dans leur Factum, & de faire voir au public auec combien de sincerité ils y ont declare *a* qu'ils épargne-roient leur réputation, & qu'ils dissimuleroient la plus grande partie des maux qu'ils leur ont fait souffrir : Ces Religieux ne trouveront pas mauvais qu'ils le fassent encore une fois avec toute la douceur & toute la modération possible, & qu'ils dissippent les nouveaux nuages, dont ils ont voulu obscur-cir l'affaire la plus claire & la plus iuste qui fut iamais.

a Pag. 3. sur la fin.

Il est vray que toutes les réponses des Iacobins se détruisent d'elles-mesmes, & que le mesme emportement & la mesme fureur, qui ont paru dans leurs actions, éclattant dans tout leur dis-cours, suffisent pour empescher que les médisances & les calomnies qu'ils y ont avancées ne fassent quelque impression dans l'esprit de ceux qui les lisent.

Il n'y a mesme rien qui autorise davantage tous les faits que les Prestres & les Hermites ont établis dans leur Factum, que cét esprit d'animosité & de vengeance qui regne dans tout l'écrit des Iacobins, & qui leur a fait trouver le moyen de surpasser, par leurs monstrueuses impostures, leurs plus grands excez. Car enfin, si la calomnie est si hardie en public, que n'a-t'elle point ozé en particulier ? Si elle est si hardie dans la lumiere, que n'a-t'elle point osé dans les tenebres? si elle est si emportée lors qu'elle a lieu de craindre le chastiment, que n'a-t'elle point esté capable de commettre lors qu'elle se promettoit l'impunité ?

A

Les Iacobins se trompent donc fort s'ils s'imaginent qu'on s'arreste à examiner vn nombre infiny de faits supposez dont ils ont tasché de noircir la reputation des Prestres & des Hermites. On ne s'égarera point, comme ils ont fait, dans des accusations personnelles, qui ne font rien à la contestation qui est entre eux & les Prestres & les Hermites. On n'ira point rechercher tout ce que les particuliers d'entre eux peuvent avoir commis pour leur en faire des crimes & les exposer aux yeux de tout le monde : & bien loin de faire profession de manifester leurs propres desordres avec moins de retenuë que l'on n'a encore fait, comme ils font au commencement de leur écrit, de manifester les desordres prétendus des Prestres & des Hermites, on proteste qu'on usera envers eux de la reserve la plus discrete, & la plus charitable qui soit possible, & qu'on s'attachera, comme on a toûjours fait, & comme on supplie tres · humblement toutes les personnes équitables de le remarquer, à ce qui est absolument necessaire pour faire voir l'injustice de leurs prétentions, & les voyes honteuses & criminelles par lesquelles ils se sont emparez des biens des Prestres & des Hermites du Mont-Valerien.

COMME les Iacobins avoüent *que leur Réponse est pleine d'un nombre innombrable de fautes, qu'ils n'y ont point mis les choses dans leur ordre, & qu'ils y ont usé de repetitions en plusieurs endroits,* il y a quelque apparence qu'ils seront bien-aises qu'on les redresse charitablement, qu'on donne icy d'abord une idée claire & nette de tout leur dessein, & qu'au lieu de faire comme eux, & d'oster aux moyens qu'ils alleguent pour leur deffense *beaucoup de leur poids en les rapportant,* ainsi qu'ils ont fait à l'égard des moyens que les Prestres & les Hermites ont alleguez pour faire voir la justice de leur cause, on les expose d'une maniere incomparablement plus forte qu'ils n'ont fait dans un discours, auquel ils ont pû, quoy qu'ils en disent, travailler depuis six mois, puisqu'il y a autant de tems que les Prestres & les Hermites du Mont-Valerien ont distribué leur Factum. De sorte que si *le peu de tems qu'ils alleguent* & la *precipitation auec laquelle* ils supposent *qu'ils ont travaillé à leur Réponse,* ne peuvent pas faire excuser l'obscurité & les redites, où tombent tous ceux qui defendent, comme eux, une cause injuste : ç'a esté un fort mauvais artifice pour s'attirer la bien-veillance des Iuges, de dire *que le Factum des Prestres & des Hermites n'a esté encore presenté à aucun d'eux;* puisqu'à la

referve de ceux qui fe font declarez pour les Iacobins, tous ces
Meffieurs fçavent qu'on leur en a porté devant la faint Martin;
& qu'il leur eft facile de iuger par cette feule fauffeté, quelle
creance ils doivent donner à tout ce que ceux, qui en font les au-
theurs, difent enfuite dans leur écrit.

Les Iacobins n'ayant que deux ou trois titres apparens pour
fe maintenir dans l'ufurpation qu'ils ont faite du Mont-Valerien,
ont crû qu'ils devoient faire un dernier effort pour les foûtenir:
& quoy que les Preftres & les Hermites ayent des-jà détruit dans
leur Factum tout le droit que ces Religieux prétendent avoir fur
leurs biens en vertu de la donation prétenduë de M. le Cardinal
de Retz, de la Lettre de cachet & de l'agrément prétendu de
fa Majefté, & de leur prife de poffeffion, ils ne produifent rien
de nouveau pour leur deffenfe & pour leur juftification, mais ils
continuent de foûtenir, à l'égard de la donation prétenduë de
M. le Cardinal de Retz, qu'elle n'eft point fuppofée, qu'il n'y a
iamais eû de Congrégation de Preftres ny de Communauté
d'Hermites, & que quand il y en auroit eû, les déreglemens des
membres qui les compofoient, donnoient droit à M. le Cardinal
de Retz de leur arracher d'entre les mains ce qu'ils poffedoient, pour le donner aux Iacobins: Et à l'égard de leur prife de
poffeffion, que toutes les violences qu'on leur reproche, & qui
la rendent criminelle, font fuppofées; ou que du moins elles
doiuent retomber fur les Preftres & fur les Hermites, qu'ils difent
fe les eftre iuftement attirées.

Voilà où fe reduit tout cét écrit qui eft d'une groffeur fi prodi-
gieufe; car tout ce qu'on y allegue en particulier contre les Preftres & les Hermites; toutes ces fauffes idées qu'on y donne de
la Congrégation du Calvaire, de fes Statuts, & de l'eftat où elle
eftoit, lors que les Iacobins s'en font emparez; toutes ces fan-
glantes inuectiues contre la vie Heremitique, & contre tout l'ordre des Anacoretes; tous ces portraits hideux & horribles que
l'on y fait des perfonnes qui s'oppofent à l'injuftice des Iacobins;
tout cét efprit de domination & d'empire que l'on y attribue
aux Evefques, & avec lequel on prétend qu'ils peuvent difpofer
à leur gré du bien & de l'honneur de ceux qui leur font foûmis;
toute cette patience & cette douceur Chreftienne que l'on y af-
fecte pour ne paroiftre que d'humbles & de devots calomnia-
teurs; Enfin tous ces crimes fuppofez, toutes ces refiftances
imaginaires du cofté des Preftres, toute cette rebellion feinte &

controuvée, ne font que pour colorer un attentat, que les Iacobins n'ont point craint de commettre, & qu'ils ont honte d'avoüer. Tant les mouvemens de leurs confciences les preffent, les accufent, & les condamnent.

Il faut donc pour acheuer de les confondre & de faire voir la nullité & l'abus de la donation prétenduë fur laquelle ils appuyent leurs injuftes pretentions, achever de diffipper toutes les fauffes idées qu'ils ont voulu donner au public de la Congrégation des Preftres, de la Communauté des Hermites, & de ceux qui les compofent. Il faut foûtenir l'authorité legitime des Evefques contre le gouvernement tirannique qu'ils leur attribuënt; deffendre la pieté & la juftice de leurs Maieftez contre cét agrément prétendu dont ils ozent fe vanter ; & juftifier par des preuves inconteftables tous les faits que les Preftres & les Hermites ont eftablis dans leur Factum. Il faut enfin monftrer que cette prife de poffeffion à la Iacobine, viole toutes les regles de la Iuftice, & qu'on y a commis des crimes & des excez que nulle loy ne peut autorifer, nulle raifon ne peut deffendre, nul prétexte ne peut excufer, nul artifice ne peut couvrir.

Les fauffes idées que les Iacobins ont tafché de donner dans leur Ecrit, de la Congrégation du Calvaire.

LEs Iacobins ont tellement défiguré la Congrégation du Calvaire dans toutes fes parties, qu'on fe croit obligé d'abord de trauailler à effacer les impreffions malicieufes, qu'ils ont voulu donner au public de fes Statuts, de fa difcipline, & de l'eftat où elle a efté dans fon inftitution, & où elle eftoit lors qu'ils ont conjuré fa perte.

1. On n'a point fuppofé fauffement dans le Factum *que la Congrégation du Calvaire ait efté eftablie au Mont-Valerien en l'année 1633. en vertu des Lettres Patentes du feu Roy de glorieufe memoire*, puis que ces mefmes Lettres dont les Iacobins fe ferventb pour prouver cette fauffeté imaginaire, & qui concernent l'établiffement de Betharam, regardent auffi celuy du Mont-Valerien, parce qu'il *eft permis* par ces Lettres *aux Preftres de la Congrégation du Calvaire de s'eftablir en tous les endroits & chappelles, où les Evefques Diocefains les voudront appeller.* De forte que les Preftres du Calvaire ayant eu dés ce temps-là l'agrément de M. l'Archevefque de Paris, pour s'eftablir fur le Mont-Valerien i.

rien ; & toutes les autres Lettres patentes n'ayant esté expediées
depuis, qu'en consequence de ces premieres, qui leur avoient
esté accordées en 1633, & qui furent verifiées peu de tems aprés
en Parlement : on a pû *sans fausseté* & sans *supposition*, marquer
ce tems-là comme l'epoque, & l'année, où la Congrégation a reçû un nouvel établissement sur le Mont-Valerien. Et les Iacobins eux-mesmes ont reconnu cette verité, lors que parlant des
Lettres que le Roy d'à present leur a données, ils [a] disent *qu'elles*
n'ont esté obtenuës qu'au mois de Fevrier en 1650. dix-sept ans aprés
leur établissement. Ce qu'ils n'ont pû avancer, sans reconnoistre,
avec les Prestres du Calvaire, *que leur Congrégation a esté établie*
en 1633.

a P. 5. l. 26.

2. Il est si vray que ce fut le feu Roy Louys XIII. qui fut porté par un mouvement de pieté à souhaitter cet établissement
nouveau, que c'est de la bouche mesme de sa Majesté, qui ré-
gne heureusement aujourd'huy, que l'on tient cette verité. Voicy comme elle en parle dans ses Lettres Patentes du mois de Fevrier 1650. *Le feu Roy nostre tres-honoré Seigneur & Pere que Dieu*
absolve ayant par ses Lettres Patentes données à Monceaux au mois
d'Aoust 1633. étably la communauté des Prestres du Calvaire en la Chap-
pelle de Betharam.... & ayant appris par rapport tres-certain que Dieu
avoit approuvé cette devotion par le témoignage des miracles qu'il y a
faits, il auroit desiré établir la mesme devotion sur le Mont-Valé-
rien..... pour exposer à la venë d'un des abords plus frequents de
Paris un tableau & monument remarquable de pieté par les mysteres
de la Passion, qui y sont représentez, afin de r'appeller la pensée de
ceux qui ietteroient les yeux sur ladite montagne aux affaires de leur
salut : C'est pourquoy desirant imiter nostre tres-honoré Seigneur &
Pere en ses devots sentimens, considerant que par lesdites Lettres du
mois d'Aoust 1633. il est permis ausdits Prestres de la Congrégation de
s'establir, &c. On ne croit pas aprés un témoignage si sacré, de-
uoir rien ajouster pour confirmer ce fait que les Iacobins ont
voulu nier dans leur Ecrit,[b] & que les Prestres du Calvaire n'ont
avancé dans leur Factum,[c] avec tant de fondement, que pour
rendre à la memoire & à la pieté du feu Roy toute la gloire qui
luy est deuë de ce nouvel établissement.

LOVIS XIII.
appelle le Fon-
dateur de la
Congrégation.

b P. 5.

c P. 4. l. 13.

3. Les Iacobins ont voulu surprendre leurs Lecteurs, lors
qu'ils ont distingué les Ecclésiastiques qui doivent composer la
Congrégation en ceux *qui en sont les membres* & ceux qui n'y
sont qu'*agregez.* Cette distinction n'est appuyée que sur l'imagi-

EN QVOY
les Agregez de
la Congréga-
tion different
d'avec les Per-
manens.

nation qu'ils ont euë, qu'en donnant une fausse idée des Statuts de cette Congrégation, il leur seroit facile de monstrer qu'elle n'a iamais eu d'établissement, & que les Prestres quis'opposent à leur usurpation n'ont aucun droict de le faire.

Car il est faux qu'il y ait dans *le huictiesme Statut qu'il ne doit avoir dans la Congrégation que des Prestres actuellement résidens.* Les [a] paroles qu'ils en r'apportent, marquent au contraire que la Congrégation doit estre composée d'autres membres que de ceux qui y doivent toufiours demeurer, puis qu'elles deffendent expressément de ne receuoir aucune personne qui ait un benefice qui l'oblige à résidence au nombre des permanens ; ce qui monstre que les Statuts ne l'excluent pas du nombre de ceux qui pouuoient y estre agrégez & qui ne devoient pas estre moins du corps de la Congrégation que les autres.

a Fac. Des Iacob. p. 8. l. 4.

b Nullus in numerum permanentium recipiatur, beneficium, cui residentia debeatur, adeptus.

En effet les Statuts mettent si peu de différence entre les Permanens & les Agrégez, qu'excepté que ceux-cy ne s'engagent point à demeurer toufiours dans la maison, qui est ce qui les distingue des autres, & qu'ils n'ont point de voix passive, ils sont obligez par les Statuts aux mesmes devoirs envers la Congrégation, à la mesme sainteté de vie, & à la mesme soûmission à Monseigneur l'Archevesque. Voicy de quelle maniere les Statuts parlent des Agrégez : *Nec minorem Congregationi fidem, quam Permanentes spondebunt, seque pari cum illis ad eam observandam, eo quo superius modo fuit declaratum, adigent iuramento, nec non eorum receptio in congregationis codice perscribetur ; quo verò tempore ipsi domi detinebuntur, tantò nimirum quantò eorum operâ & labore indigebit congregatio, eisque per otium licuerit se congregationis legibus & institutis observandis accommodabunt, & his omnibus ad quæ tanquam idonei assumentur vacabunt. Si verò pio quodam affectu, ac proprio consolationis studio, plusquam illorum operâ congregatio eguerit, voluerint immorari, humanissimè semper ac charissimè tractabuntur; Eâ tamen ratione quâ Permanentes in suis bonis impendendis se gerent, seque à domo absentes ita se habebunt, vt omnibus clarissimè constet, eos veluti congregationis membra multum proficere.*

c Pag. 8. l. 11. FAVSSETEZ auancées par les Iacobins touchant les Statuts.

Avec quel front les Iacobins ont-ils pû dire [b] que *les Statuts n'imposent point aux Agrégez les mesmes obligations* qu'aux Permanens, puis qu'ils les obligent à la mesme fidelité envers la Congrégation, & qu'ils veulent qu'ils s'engagent aussi fortement qu'eux, & par un serment solemnel, à garder toutes ses Regles. *Nec minorem Congregationi fidem, quàm Permanentes spon-*

debunt, seque pari cum illis ad eam observandam eo quo superius modo fuit declaratum adigent iuramento?*

Avec quel front ont-ils pû dire [a] que *le iour de leur reception n'est point enregistré*, puis que les Statuts ordonnent expressément qu'il le sera : *Nec non eorum receptio in Congregationis codice perscribetur?*

Avec quel front ont-ils pû dire,[b] que *la Congrégation a droit de les congédier quand leur ministère ne luy sert plus*, puis que les mesmes Statuts ordonnent en termes formels, de leur laisser la liberté d'y demeurer autant qu'il leur plaira, & qu'ils veulent qu'on les traitte pendant tout ce temps-là auec toute sorte de charité & d'humanité : *Si vero pio quodam affectu ac proprio consolationis studio plusquam illorum operâ Congregatio eguerit voluerint immorari, humanissimè semper ac charissimè tractabuntur?*

Enfin avec quel front les Iacobins ont-ils pû dire [c] que *les Agregez ne sont point des membres & du corps de la communauté*, puis qu'il leur est enjoint expressément par le dixiesme Statut de se conduire hors de la maison avec tant de retenuë & de sainteté, *que tout le monde remarque qu'ils sont des membres de la Congrégation, & que c'est en cette qualité qu'ils font un si grand progrez dans la Pieté : Vt omnibus clarissimè constet eos veluti Congregationis membra multum proficere.*

Il est donc constant par les Statuts mesmes de la Congrégation, que la seule difference qu'il y a entre les Permanens & les Agrégez, est, que celuy qui s'engage à demeurer dans la maison, doit estre consideré comme un membre *perpetuel* qui promet de ne s'en point separer, *veluti perpetuum Congregationis membrum*; au lieu que celuy qui n'est qu'Agregé peut, quand la Congrégation n'a pas besoin de son service, s'en éloigner pour quelque tems, & pour aller où la charité & le bien des ames l'appellent.

Mais il ne s'ensuit pas pour cela, qu'il ne doive pas estre consideré comme un membre veritable de la Congrégation, puis qu'il est obligé, à son esgard, à tous les devoirs qu'un membre veritable doit au corps dont il fait partie ; qu'il doit venir secourir la Congrégation dans ses besoins ; qu'il est obligé de garder toutes ses Regles & tous ses Statuts, de suivre, mesme hors de la maison, son esprit & ses maximes dans la distribution de ses biens & dans toutes ses autres actions particulieres ; qu'il a droit lors qu'il y est invité de se trouver dans toutes les Assemblées, & de donner sa voix dans toutes les Délibérations Capitulaires ; & qu'enfin il entre dans tous les devoirs & toutes les obligations des autres membres envers M. l'Archevesque de Paris, & envers le Superieur de la Congrégation, à qui il doit estre soûmis, & qui a droict, comme Chef de la Congrégation, d'appliquer les Agrégez à toutes les choses ausquelles il iuge que leur ministére peut estre utile, *& his omnibus ad quæ tanquam idonei assumentur vacabunt.*a

a *Stat.* 10.

MOTIFS DE la continuation de l'Instituteur.

4. Mais les Iacobins ne se sont pas contentez de changer & de falsifier les Statuts que feu M. l'Archevesque a donnez à la Congrégation, & de renverser ce qu'il y a de plus essentiel dans sa discipline, ils ont tasché de la corrompre iusques dans son origine ; & de monstrer que du vivant de son Instituteur, on avoit violé toutes ses Regles, & que celuy-là mesme qui avoit esté choisi de Dieu pour l'establir, & dont il avoit approuvé la conduite en Betharam par des miracles authentiques, a travaillé plus que personne à la détruire sur le Mont-Valerien, b *y ayant esté Superieur pendant plus de onze années, contre les termes des Statuts mesmes* qu'il avoit obtenus.

b *Fact. Des Iacob.* p. 9. l. 3.

Cette objection est si impertinente, & ce reproche dont ils taschent de ternir la gloire de ce saint homme, si mal fondé, qu'il ne merite pas de responfe : Il suffit d'insinuër en passant, que si feu M. Charpentier a esté continué plus de six ans dans la charge de Superieur, ce n'a esté qu'auec l'agrément de M. l'Archevesque, qui avoit le pouvoir de le permettre, & qui en a accordé la dispense le 13. Septembre 1644. Et s'il y eut iamais lieu à quelque dispense legitime, n'estoit-ce pas dans ces commencemens, & en faveur de l'Instituteur de la Congrégation du Calvaire, comme les Prestres le représentérent eux-mesmes à M. l'Archevesque, lors qu'ils luy en demandérent la permission ? *id maxime postulantibus rebus quæ Deum spectant & societatis bonum, quæ ab ipso, tanquam instituti nostri capite, perpetuo rigari spirituali eget influxu.*

NOMBRE des Ecclesiastiques au commencement.
c *Pag.* 76. l. 4.

5. Cette dispense est si ordinaire en faveur des Instituteurs & des Fondateurs, qu'on n'est pas moins estonné de ce que les Iacobins en ont voulu faire vn crime à la Congrégation, que de ce qu'ils ont eû la hardiesse d'avancer, c *qu'à la reserve de M. Guillier qui s'estoit retiré dans l'Hermitage, il n'y a iamais eû que trois Prestres dans la Congrégation pendant la vie de l'Instituteur, & iusques en l'année 1659.* quoy qu'on soit prest de iustifier par deux actes tres-authentiques,

tiques, tels que ſont la Permiſſion que l'on demanda à feu M. l'Archeveſque de continuer feu M. Charpentier en la Charge de Supérieur, & l'eſlection de M. Segure en la Charge de Vice-Supérieur, que du vivant de M. Charpentier, & dés l'année 1644. il y auoit huiᵓ Eccléſiaſtiques dans la Congrégation, ſçauoir MM. Charpentier, Baillu, Guillier, Marcadé, Segure, Caſſin, du-Hamel, le Royer.

En verité, ne faut il pas qu'une cauſe ſoit bien déplorée, lors qu'on eſtablit pour principe & pour fondement de tout ce que l'on a à dire enſuitte des obſeruations ſi puëriles, des menſonges ſi évidens, & des fauſſetez ſi conſtantes.

Les fauſſes idées que les Iacobins ont taſché de donner dans leur écrit des Preſtres de la Congrégation du Calvaire.

IL n'eſt pas ſurprenant que les Iacobins ayent entrepris avec tant de chaleur la deffenſe de ceux qui les ont favoriſez dans leur uſurpation, & qu'ils relevent ſi haut ᵃ la pieté d'un Eccléſia- ſtique, qui a eſté chaſſé de la Congrégation pour ſes dereglemens, par une Sentence contradictoire de M. l'Official : *Perſonne dit ſaint Bernard,* ᵇ *ne reprend en autruy ce qu'on peut reprendre en luy-meſme, & c'eſt un effet de l'humanité naturelle, de n'eſtre pas ſevere envers les autres dans les choſes où l'on eſt indulgent à l'égard de ſoy : Humanitatis eſt omnium in quo ſibi quiſque indulget non vehementer iraſci.*

Mais qu'une animoſité publique contre de bons Eccléſiaſtiques, & qu'une conſpiration formée depuis pluſieurs années pour les perdre, porte des Religieux qui ſe diſent Réformez, à employer contr'eux les impoſtures les plus noires, & les iniures les plus ſanglantes ; c'eſt ce qui ne ſe pourroit iamais croire, & ce qu'il n'y avoit que l'endurciſſement d'une opiniaſtreté infléxible à ſe maintenir dans une injuſte poſſeſſion qui fuſt capable de faire commettre aux Iacobins.

Cét excez eſt d'autant plus criminel, que tous ces deſordres prétendus du Calvaire ne donnent aucun droit aux Iacobins ſur le Mont-Valérien, parce que, ſuppoſé qu'ils fuſſent véritables, & qu'ils ſubſiſtaſſent encore au tems où la donation de M. le Cardinal de Retz leur a eſté faite, ce qui eſt abſolument faux,

ᵃ *pag. 11. l. 30.*

ᵇ *Apol. c. 10 n. 30.*

on n'a pû arracher des Prestres de leur propre maison, que l'authorité des Loix Civiles veut estre un azile & un refuge tres-seur pour chacun des Citoyens, qu'aprés leur avoir fait leur procés, & les avoir convaincus juridiquement & selon les Canons, de ces crimes prétendus, & de ce prétendu deffaut d'intérest qu'ils ont à la Congrégation.

C'est donc en vain que les Iacobins ont remply leur écrit de calomnies si horribles contre la pureté & contre l'honneur de ces Ecclésiastiques, & qu'ils les ont appuyez sur des songes & *sur* de semblables suppositions. Cela peut bien servir à satisfaire leur passion & leur vengeance particuliere, & à prouver qu'ils se sont saisis de tous les papiers & de tous les titres des Prestres, & qu'ils les retiennent injustement : mais cela est inutile pour faire voir que M. de la Font & les autres Ecclésiastiques, qui s'opposent à leur usurpation, ne sont point membres de la Congrégation du Calvaire, & qu'ils n'ont point de droit de la deffendre contre leurs injustes entreprises. Et ainsi l'on ne répondra à ce qu'ils ont inventé pour noircir la réputation de chaque particulier, qu'autant qu'on s'y croira obligé pour éclaircir l'intérest commun de la Congrégation.

a pag. 18.

Les Iacobins l'ont attaquée en la personne des Prestres qui la composent en deux differentes manieres : 1. en rejettant sur leur conduite tous les desordres qui ont éclatté sur le Mont Valérien, & s'imaginant prouver par là qu'elle n'a jamais eû d'établissement solide : 2. en disputant à M. de la Font la qualité de Supérieur, & aux autres Prestres celle de membres de la Congrégation, & prétendant iustifier par ce moyen qu'on a eû lieu de desesperer de son rétablissement, & de la leur abandonner.

M. LE ROYER seul auteur de tous les desordres prétendus.

A l'égard de tous les desordres prétendus que les Iacobins se sont efforcez dans leur écrit de faire retomber sur les Prestres du Calvaire qui s'opposent à leur usurpation, il est si constant que le seul M. le Royer en est coupable, & que s'il y a eû de la division & du scandale sur la Montagne, il est le seul qui en a esté l'auteur, qu'on ne veut pour en convaincre les Iacobins, & les rendre inexcusables dans l'aveuglement avec lequel ils ont entrepris sa deffense, que les seules dépositions des témoins qu'ils ont fait entendre eux-mesmes devant M. Bénard-Rezé.

L'INFORMA-tion de M. Bénard Rezé à la solicitation des

Cette information a d'autant plus de force contre les Iacobins, qu'ils eurent l'artifice de se servir, pour la faire ordonner, de la plainte mesme que les Prestres avoient portée contre-eux à la

Cour le iour de leur vſurpation, & qu'ils eurent aſſez de credit Iacobins ruine tout leur Factum. pour la faire mettre entre les mains d'vn Conſeiller, qui eſt leur Rapporteur, & qui s'eſt declaré leur Protecteur.

Elle a d'autant plus d'autorité contr'eux, que malgré les Preſtres meſmes qui s'oppoſérent à l'execution de l'Arreſt, qui appellerent de l'Ordonnance du Commiſſaire, & qui furent meſme contraints d'en venir à vne recuſation expreſſe contre ſa perſonne; Ils eurent le pouvoir de le faire aller ſur la Montagne, & de luy faire entendre tous les témoins qui leur eſtoient affectionnez.

Enfin, elle doit auoir d'autant plus de poids ſur l'eſprit de toutes les perſonnes equitables, que la fin principale, pour laquelle les Iacobins l'avoient recherchée avec tant d'empreſſement, eſtoit, afin de iuſtifier ces deſordres prétendus du Calvaire, ſur leſquels ils ont crû pouvoir appuyer leur vſurpation.

Cependant il n'y a pas vn de ces témoins qui n'ait eſté contraint de reconnoiſtre dans cette information que le ſeul M. le Royer a eſté la cauſe de tous ces deſordres pretendus. *Que s'il y* *Propres paroles des témoins.* *a eu des plaintes de la mauvaiſe conduite* de quelque Preſtre, ç'a eſté *de celle de M. le Royer,* que ſi l'on a *fait publier des Monitoires,* ç'a eſté *contre* le meſme *M. le Royer pour des ſcandales indignes d'vn Eccléſiaſtique & pour ſa mauvaiſe conduite.* Enfin que *ces Monitoires ont eſté obtenus par les Preſtres meſmes de la Congrégation,* contre ce M. le Royer.

Quoy, tant de témoins, & qui dans leurs dépoſitions témoignent prendre tant de part aux intéreſts des Iacobins, & à leur nouvelle Conqueſte, viennent exprés devant vn Iuge qui leur eſt amy, pour rendre vn témoignage qui leur ſoit favorable, & dont ils ſe puiſſent ſervir, pour iuſtifier qu'il n'y a eû que des diviſions & des diſputes entre les Preſtres du Calvaire, qu'il y a eû pluſieurs plaintes publiques formées contre leur conduite, & que leurs deſordres *ont inondé tout le pays d'àlentour de la Montagne* [a] : Et a *Fact. de Iacob.* pag. 11. cependant tous ces témoins ne diſent pas vn ſeul mot, ſur lequel on puiſſe appuyer le moindre ſoupçon contre ces meſmes Eccléſiaſtiques : au contraire, il y en a qui diſent en termes exprés, *que les ſieurs de la Fond & Baillu ſont des Preſtres qui vivent avec grande edification, qui diſent la Meſſe tous les iours, entendent les Confeſſions de toutes ſortes de perſonnes, & vont faire les Catechiſmes , & aſsiſter les malades à Sureſnes, & autres lieux circonvoiſins,* & tous ces témoins d'vn commun accord ne parlent que des ſcandales & des déſor-

ères qui ont esté commis par M. le Royer, & pour lesquels les
Prestres luy auoient fait faire son procez, & fait publier ces Monitoires, & l'on osera, contre la déposition mesme des témoins
que l'on a fait entendre, contre sa propre lumiere, & contre une
verité si constante, déchirer hardiment la reputation de plusieurs
bons Ecclésiastiques, & deffendre insolemment vn homme indigne de son caractere, & qui a esté enfin condamné & exclu pour
tousiours de la Congrégation du Calvaire par une Sentence contradictoire de M. l'Official, aprés la déposition de plus de soixante autres témoins. En verité, n'est-ce pas là le dernier effet de
l'emportement que l'esprit de vengeance, & qu'une passion es-
chauffée par la necessité de se deffendre peut inspirer: & ne peut-
on pas dire auec le Prophete, ^avoyant que les Iacobins n'ont point
eu de honte de s'engager dans cét excez, afin d'éviter la confusion qu'ils se sont attirée eux-mesmes par leurs propres injustices : *Confusi sunt quia abominationem fecerunt, quin potius confu-
sione non sunt confusi, & erubescere nescierunt?*

Mais ce n'est pas assez d'avoir fait voir par les propres dépositions des témoins, dont les Iacobins parlent dans leur Escrit, &
par le Iugement que M. l'Official a porté contre M. le Royer,
qu'il a esté la seule cause de tous les maux que la Congrégation a
soufferts ; & ainsi d'avoir ruiné par avance toutes les consequen-
ces que les Iacobins ont tirées, de tous ces desordres prétendus,
contre les Prestres du Calvaire. Il faut encore les iustifier des crimes supposez qu'ils attribuënt à quelques-vns d'eux en particulier.

Deffense du droict & de la personne de M. Baillu, Prestre de la Congrégation.

LEs Iacobins se voyant dans l'impossibilité de disputer à M.
Baillu la qualité de membre de la Congrégation, parce
qu'il y a esté incorporé dés les premieres années de son establissement ; qu'il a demeuré plus de vingt-cinq ans dans la Maison
du Calvaire, sans en sortir: Et que du vivant mesme de M. Charpentier, il a esté choisi par tous les Prestres du Calvaire pour
estre Vice-Superieur, & confirmé dans cette Charge en 1650.
par feu M. l'Archevesque de Paris, ont eû recours aux calom-
nies, qui sont, dit Salvien, ^b*les premieres armes dont se saisissent ceux
qui sont en colere*, & ils ont tasché d'effacer par leurs injures, toutes

tes les bonnes impreſſions que le public a conceuës de la conduite de cét Eccleſiaſtique l'eſpace de plus de trente années.

Tout ce que les Iacobins luy reprochent [a] ſe peut reduire à quatre poincts : 1. à l'ambition de commander, 2. à vne vente prétenduë de la maiſon du Calvaire, 3. à l'impuiſſance où il a eſté de faire du bien à cette Communauté, & 4. à une fauſſe accuſation contre M. le Royer.

[a] Dans les pag. 12. 13. 14. 52. 56.

I. Ceux qui ont lû dans le Factum des Preſtres & des Hermi-tes [b] avec quelle inſolence M. le Royer s'eſtoit emparé de la Maiſon du Calvaire depuis la mort de M. Charpentier, & par quels artifices il éloignoit de la Congrégation toutes les perſonnes qui ſe préſentoient pour r'emplir la place des Preſtres qu'il en avoit chaſſez, & y introduire les Iacobins, ne s'eſtonneront point que M. Baillu, qui auoit vne obligation ſi particuliere d'empeſcher la deſtruction de la Congrégation, s'eſtant laſſé de voir cét Eccleſiaſtique abuſer de ſa patience & de ſa facilité, ait voulu tout de bon s'oppoſer à ſes deſſeins pernicieux, & luy oſter vn pouvoir qu'il ne s'eſtoit pû approprier à ſon preiudice, puis qu'il eſtoit bien plus ancien que luy dans la Congrégation, & que meſme il en avoit eſté Vice-Superieur, du conſentement de M. l'Arche-veſque.

[b] pag. 6. & 5.

Si c'eſt une ambition que d'empeſcher un homme d'vſurper un droict ſur autruy, qu'il n'a point, & de ne vouloir point ſe rendre eſclave de ſes paſſions & de ſes intereſts, les Iacobins ont pû faire ce reproche à M. Baillu. Mais ſi au contraire, il eſt de l'humili-té chreſtienne de ne vouloir eſtre ſoûmis qu'aux puiſſances legi-times, & de reſiſter en face à ceux qui veulent, afin de nous op-primer, nous impoſer un joug qu'ils n'ont point droict de nous impoſer, M. Baillu a pú ſans eſtre porté d'ambition diſputer à M. le Royer un pouvoir dont il ne ſe ſervoit que pour diſſiper les biens de la maiſon du Calvaire, & la mettre en eſtat d'eſtre vſur-pée par les Iacobins.

II. Auſſi ces Religieux ne luy reprochent-ils [c] d'avoir traité *en ſecret*, de la maiſon du Calvaire, que parce qu'il ne leur com-muniqua pas le deſſein qu'il avoit de rompre par ce moyen le traitté que M. le Royer avoit deſia fait avec eux ; car il ſe cachoit ſi peu de ceux à qui il eſtoit obligé d'en parler, qu'encore qu'il ſçût ce qui s'eſtoit paſſé entre les Iacobins & M. le Royer, il ne laiſſa pourtant pas de le luy communiquer, comme les Iaco-bins le reconnoiſſent eux-meſmes dans leur Ecrit [d] lors qu'ils di-

[c] pag. 13. l. 24.

[d] pag. 14. l. 14.

sent en des termes vn peu barbares, que M. *le Royer eut part à ce contract qu'il consentit, quoy qu'il n'y ait pas signé*. Ce qu'ils adjoustent finement, pour faire voir qu'il n'a rien fait dans ce nouveau contract, au préiudice de celuy qu'il avoit desia fait avec eux, auquel ils n'osent pas avancer que M. Baillu ait consenty, & qu'ils n'oseroient produire, quoy que ce ne soit que sur cet ouvrage de tenebres qu'ils se sont vantez d'avoir le consentement de M. le Royer.

III. Aprés tout, on ne peut reprocher ce traitté à M. Baillu, puis qu'il ne l'avoit fait qu'à condition que MM. les Vicaires Generaux y consentiroient; & il est certain, qu'il n'y a point eû de convention criminelle, puisque les Iacobins n'en marquent aucune, & qu'ils ne luy reprochent que le transport de la maison de la Congrégation à d'autres personnes qu'à eux.

Mais supposé que la pureté d'intention de ce bon Ecclésiastique, & le desintéressement tout particulier qu'il a fait paroistre en cette rencontre, ne puisse pas entieremét iustifier cette action, & qu'il y ait quelque chose à redire dans le moyen qu'il choisissoit pour s'opposer aux desseins pernicieux des Iacobins, le zele auec lequel il a embrassé, depuis, les autres voyes que MM. les Vicaires Generaux luy ont presentées pour r'établir la Congrégation dans sa premiere splendeur, & la deffendre de la tyrannie de M. le Royer, & le courage avec lequel il a essuyé toutes les peines & tous les maux que les autres Prestres ont soufferts & souffrent encore tous les iours pour la maintenir contre l'vsurpation des Iacobins, couvrent suffisamment ce deffaut, & font bien voir qu'il a tousiours conservé pour la Congrégation l'amour & la charité qui l'avoit porté à employer son bien pour son establissement.

^a *pag. 56. l. 6.* Car quoy que les Iacobins ayent inventé ^a pour monstrer qu'il *n'a iamais esté en estat de donner du bien au Calvaire*, on ne veut pour les confondre que le seul titre de sa Prestrise qu'ils ont encore entre leurs mains, & dont ils se servent pour appuyer vne fausseté, qu'ils n'ont avancée si hardiment, que parce qu'ils ont crû qu'il ne luy restoit plus dequoy les convaincre d'imposture & de mensonge. Cependant, la Providence diuine a permis que ses Lettres de Prestrise ayent échappé aux Iacobins, afin qu'elles servissent à faire connoistre quelle creance on doit ajouster à des Religieux qui disent hautement que *le titre de la Prestrise de M. Baillu est sub titulo paupertatis*, quoy que M. l'Archevesque de Paris atteste qu'il

a esté elevé au Sacerdoce sous vn titre patrimonial, Voicy ses paroles, *Magistr. Andraum Baillu Diœcef. Ambian. mediantibus dimissoriis & titulo patrimoniali ad sacrum Presbyteratus ordinem &c.*

IV. Pour ce qui est de l'accusation intentée contre M. le Royer, de son exclusion de la chambre qu'il avoit dans la Maison de la Congrégation, & de la poursuite qui a esté faite contre luy devant M. l'Official : M. Baillu est si éloigné de croire qu'on luy en puisse faire un crime, qu'il regarde cette action comme une de celles dont il est le plus obligé de loüer Dieu & de le glorifier de ce qu'il luy a voulu donner quelque part à arrester le cours des troubles & des scandales que la présence de M. le Royer causoit sur la Montagne. En effet, il n'y avoit que les Iacobins capables de luy faire ce reproche, & il n'y a que la douleur de ce que toutes les mesures qu'ils avoient prises avec M. le Royer pour s'emparer du Calvaire, ont esté rompuës, qui ait pû leur faire traitter de fausseté une accusation authorisée, comme on a desia veu par les dépositions de plus de soixante témoins , & confirmée par une Sentence contradictoire de M. l'Official.

Deffense du droit & des personnes de M M. le Feron & de l'Estang.

CE que les Iacobins disent en general [a] contre l'honneur de ces deux Ecclesiastiques n'estant appuyé d'aucune preuve ny d'aucune circonstance particuliere, ne peut passer en Iustice que pour des iniures & des calomnies, & ne merite point de réponse, aprés ce que l'on a rapporté [b] de l'information qu'ils ont fait faire eux-mesmes par M. Bénard-Rezé, dans laquelle si ces Ecclesiastiques *avoient esté en si mauvaise odeur dans les lieux circonvoisins par leurs débauches continuelles qu'ils faisoient au cabaret, & ailleurs,* [c] On n'auroit iamais manqué de déposer contr'eux de ces faits prétendus, puis qu'on cherchoit par cette information à donner quelque couleur à ces horribles impostures.

Il faut donc s'attacher aux reproches particuliers qu'ils leur font; Car ils disent que ces deux Ecclesiastiques estoient sans occupation & sans employ lors qu'ils entrérent dans la Congrégation, & 2. que leur incorporation est abusive & insoûtenable, 3. ils reprochent en particulier à M. le Feron le scandale qui est arrivé dans l'Eglise, le premier iour d'Octobre 1660. & 4. à M. de l'Estang l'information du mois de Decembre de la mesme année.

a pag. 17.

b Dans la page 11.

c Fact. des Iacob. p. 17.

I. On ne comprend pas bien ce que les Iacobins ont voulu reprocher à ces deux Ecclésiastiques lors qu'ils ont dit *a* qu'ils estoient *sans occupation & sans employ*, quand ils ont esté receus dans la Congrégation; puis que c'est une des dispositions que les Statuts demandent dans les Prestres qui y sont receus en qualité de Permanens, & qu'ils desirent qu'ils soient entierement libres pour s'y engager.

Que s'ils ont voulu les taxer de n'avoir point eû d'employ dans l'Eglise, on comprend encore moins ce reproche, puis que M. le Feron estant d'une famille tres-honorable dans Paris, fils d'un Auditeur des Comptes & vivant de ses revenus, y est assez connu pour son merite & pour sa pieté : & que pour ce qui est de M. de l'Estang, qui est du Diocese de Tours, il s'est acquité tres-dignement de la fonction de Vicaire l'espace de plusieurs années dans la Parroisse de saint Pierre, qui est la plus grande de Tours, & qu'il a encore des attestations en bonne forme de MM. les Curez de saint Sauveur & de saint Hilaire de Paris, dans les Parroisses desquels il avoit demeuré depuis qu'il y estoit arrivé.

INCORPOration de MM le Feron & de l'Estarg.

II. Quant à leur incorporation dans la Communauté du Calvaire; il faut estre accoûtumé comme sont les Iacobins à combattre par des faussetez & des mensonges les veritez les plus constantes, pour avoir entrepris de donner atteinte à la validité de leur reception. Car il est tellement faux que *la Congrégation n'ait point déliberé sur leur reception, & qu'ils n'ayent point fait le serment ordonné* par les Statuts, qui sont les deux deffauts sur lesquels les Iacobins soûtiennent *b* que leur incorporation est nulle & abusive, que l'Acte mesme de leur incorporation, dont ces Religieux parlent un peu auparavant, les dément formellement, & dit positivement le contraire : Voicy les paroles de MM. les Vicaires Generaux dans cét Acte. *Veu la Réponse desdits sieurs Baillu & le Royer sur la communication qui leur avoit esté faite par l'ordre de MM. les Vicaires Généraux de la Requeste que MM. le Feron & de l'Estang aprés avoir esté agrégez dans la Congrégation leur avoient presentée afin d'y estre incorporez, & tout considé.é, Nous Vicaires generaux susdits avons de l'authorité de mondit Seigneur l'Archevesque de Paris receu & incorporé en ladite Congregation du Calvaire lesdits MMrs Iean le Feron & Pierre de l'Estang pour y vivre auec les autres Prestres conformément aux Statuts d'icelle, aprés que lesdits le Feron & de l'Estang ont presté entre nos mains le serment accoustumé suivant lesdits Statuts.*

Quoy!

Quoy! MM. les Vicaires Généraux disent formellement qu'ils n'ont receu & incorporé MM. le Feron & de l'Estang, qu'*aprés avoir veû la réponse de MM. Baillu & le Royer*, c'est à dire aprés avoir veû le consentement que ces deux Ecclésiastiques qui estoient alors dans la Congrégation du Calvaire, avoient donné à cette reception : & les Iacobins oseront dire *que la Congrégation ne délibéra point sur leur reception!*

MM. les Vicaires Généraux disent en propres termes, qu'ils n'ont receu & incorporé ces deux Ecclésiastiques qu'*aprés qu'ils ont presté entre leurs mains le serment accoûtumé suivant les Statuts*, & les Iacobins oseront dire qu'*ils ne firent point le serment ordonné par les Statuts!* quâ ista ô *Monachi ? vbi timor mentis ? vbi rubor frontis ?*[a]

On ne s'étonne pas que les Iacobins se contredisent eux-mesmes, qu'ils détruisent en vn endroit de leur Ecrit ce qu'ils ont étably en d'autres ; & qu'ayant dit page quinziéme de leur Factum, que cette incorporation a esté faite *huit mois aprés* leur agrégation, Ils soustiennent dans la page quarante-cinquiéme, que ce n'a esté que *sept mois aprés.* C'est le propre du mensonge de se détruire luy-mesme. Mais que des Religieux attaquent de front & publiquement des veritez si constantes, qu'ils nient des faicts qui sont appuiez sur un témoignage si autentique, & qui leur est si connu, afin de ravir à deux Ecclésiastiques une qualité qui leur est accordée par deux Vicaires Généraux, dans laquelle ils ont esté confirmez par plusieurs Arrests & par plusieurs Sentences, & de laquelle ils sont demeurez d'accord eux-mesmes, lors qu'ils ont dit en parlant de MM. les Vicaires Généraux qu'*ils taschérent*[b] *de procurer à la Congrégation du secours, en y incorporant MM. le Feron & de l'Estang le 19. May 1660.* c'est ce qui ne se pourroit iamais croire, si les autres excés qu'ils ont commis contr'eux, & qu'il faut icy r'apporter, ne surpassoient infiniment celuy-cy en malignité.

III. A l'égard de M. le Feron, on ne veut que les propres paroles du témoin, qui sont r'apportées dans l'Ecrit des Iacobins, pour le iustifier de ce *scandale* prétendu arrivé *dans l'Eglise du Calvaire le premier Dimanche d'Octobre 1660.* Car les Iacobins accusent[c] *M. le Feron d'avoir recommencé Vespres* ce iour-là, lors que *M. le Royer qui les avoit commencées, entonnoit le Pseaume In exitu.* Et le témoin qui a déposé de ce faict pretendu dit[d] *que ce fut le nommé de l'Estang, & non pas le Feron, qui recommença Vespres*, & qu'il les recommença lors que *M. le Royer fut à Magnificat*, & non pas,

E

Notes marginales :

[a] S. Bern. tract. de mor. & offic. Præl. c. 9.

[b] p. 43. l. 20.

[c] pag. 16. l. 7. & 9.

[d] Ib. l. 10.

comme difent les Iacobins, *lors qu'il entonnoit le Pfeaume In exitu.*
Que les Iacobins donc s'accordent avec leur témoin , & lors
qu'ils auront donné *pour marque de la fincerité, de la verité, & de la modeftie auec laquelle ils racontent ce qui s'eft paffé* des chofes qui ne fe
contrediront point, & qui ne fe détruiront point d'elles-mefmes,
il fera facile de faire voir que M. le Feron n'a rien fait dans cette
occafion qui ne foit plein de iuftice & de modération, & digne de
la retenuë & de la modeftie qu'il a toûjours fait éclater dans fes
actions.

IV. Pour ce qui eft de l'*information du mois de Decembre 1660.*
& de l'horrible calomnie que les Iacobins ont publiée contre la
pureté de M. de l'Eftang, Il ne faut que rapporter fimplement
cette hiftoire pour les couvrir de confufion, & pour effacer toutes les impreffions qu'ils ont voulu donner contre fon innocence.

On a defia remarqué dans le Factum des Preftres & des Hermites *b* que M. le Royer avoit fait venir prés de luy une femme
avec laquelle il prenoit des libertez tres-fcandaleufes : Il l'avoit
logée pour la facilité de ce commerce honteux, prés de la maifon de faint Iofeph, qui eftoit en fa difpofition. Les Preftres du
Calvaire s'en plaignirent à M. l'Official ; & dans ce temps-là un
bruit ayant couru que cette maifon avoit efté volée, ils firent faire une information pardevant le Lieutenant de Surefnes , par
laquelle il demeura pour côftant que c'étoit cette mefme femme
qui ayant la clef de la premiere porte de la maifon, y avoit mené
pendant la nuict un Serrurier, & fait forcer une feneftre & une
porte pour en emporter ce qu'elle vouloit.

Quelques iours aprés y ayant enuoyé encore fa fervante & la
nommée Catherine Lefpierre, dont il s'agit; & ces filles en eftant
forties avec des volailles & d'autres chofes qu'elles en empor-
toient, M. de l'Eftang en fut averty , defcendit vers la maifon
de faint Iofeph , & ayant trouvé ces deux filles en fon chemin,
leur demanda pourquoy elles eftoient fi hardies que d'aller dans
ce logis , & de contribuër au fcandale que cette liberté & cette
familiarité caufoit fur la Montagne. Ces filles luy dirent quelques injures, & M. de l'Eftang leur ayant demandé les clefs
qu'elles avoient, & elles refufant de les luy mettre entre les
mains, il les leur voulut ofter afin d'arrefter le cours de ce fcandale qui ne pouvoit enfin que retomber fur la Congrégation. Elles firent beaucoup de refiftances, & de tels cris, qu'un gros chien
qu'elles avoient avec elles, s'eftant jetté fur M. de l'Eftang luy dé-

chira fa foutane, le mordit, & luy fit trois grands trous à la jambe.

M. de l'Eftang fe voyant ainfi mal traitté, fit informer de l'infulte de ces filles pardevant le Lieutenant de Surefnes, & obtinft vn decret de prife de corps, & vne provifion contre la nommée l'Efpierre. Mais Magdelaine Lorin de fon cofté, qui eftoit cette femme que M. le Royer avoit fait venir fur la Montagne, & qui avoit envoyé ces deux filles dans la maifon de S. Iofeph, s'en plaignit à M. le Royer, lequel eftant ravy d'avoir cette occafion de jetter de nouveaux troubles dans la Congrégation, & de la ruiner par de nouueaux procés, fit informer à la requefte de la mere de cette fille par le Commiffaire d'Yevre, qui eft celuy dont il s'eft fervy dans toutes fes affaires, il fit entendre de faux témoins, & des perfonnes qui n'eftoient pas prefentes lorfque ce different arriva. Magdelaine Lorin, une nommée Germain fa confidente, & dont par côféquent la réputation n'eft pas fort bien établie, dépoferent contre M. de l'Eftang; le mary de ladite Germain qui eft Chirurgien & amy de M. le Royer, & de cette Lorin, fit un rapport tel qu'il leur plût : & fous prétexte que cette fille avoit eû un des doits de la main un peu efcorché par l'attache de cuir qui tenoit les clefs enfemble, il y eut Decret de prife de corps contre cét Eccléfiaftique, & une provifion de foixante livres, il en appella au Parlement, qui le renvoya à l'Officialité, où s'eftant fait interroger, il eut provifion de fa perfonne à la charge de fe repréfenter.

Pendant qu'on travailloit à l'inftruction du procés, M. le Royer fous prétexte de cette provifion prétenduë de foixante livres, fit prendre prifonnier M. de l'Eftang contre toutes les Regles de la Iuftice ; ce qui obligea M. de la Font & les autres Preftres du Calvaire, à préfenter une Requefte fur laquelle ils obtinrent un Arreft portant que M. de l'Eftang feroit eflargy des prifons, en confignant la fomme de foixante livres, laquelle fut confignée fur l'heure mefme ; & ainfi il n'y fut pas plus de quatre heures. Mais M. de la Font & les Preftres du Calvaire ayant fait oppofition à la délivrance des deniers confignez, ils obtinrent un Arreft de main-levée, en vertu duquel cette fomme de foixante livres leur fut renduë, & fut mife entre les mains de Me Benjamin Chemin qui les toucha, & qui leur en a donné quittance. Enfuitte les témoins furent recolez & confrontez à M. de l'Eftang ; & fon innocence ayant efté pleinement juftifiée, M. l'Official l'obligea feulement à faire vne retraite de huit jours à faint

Lazare, & retrancha pour touſiours M. le Royer de la Communauté du Calvaire.

Voilà quelle a eſté la pénitence Canonique qu'on a impoſée à
M. de l'Eſtang pour cette *action toute brutale , dont la pudeur ne
permet pas à ces bons Peres* [a] *de raconter les circonſtances des honneſtes:*
voilà de quelle maniere cette fille a fait paroiſtre ſelon eux *ſa
ſageſſe & ſa vertu* en refuſant avec inſulte à vn Eccleſiaſtique des
clefs qu'il avoit droict de luy redemander : Et voilà enfin comme les Iacobins ſe ſervent, pour monſtrer qu'vn Preſtre a eû des
ſentimens d'impureté pour vne fille, d'vne action qui ne pouvoit
partir que du zéle qu'il avoit pour la pureté.

Car ce qui iuſtifie encore davantage la reſolution que M. de
l'Eſtang priſt d'oſter les clefs d'entre les mains de cette Leſpier-
re, c'eſt que la maiſon dite de ſaint Ioſeph eſtoit en ſi mauvaiſe
réputation dans tous les lieux circonvoiſins, à cauſe que ces perſonnes y venoient ſouvent, y beuvoient & mangeoient, & en
avoient les clefs, qu'on luy donnoit communément les noms
qu'on donne d'ordinaire aux lieux de divertiſſement & de deſ-
bauche. De ſorte qu'il crût qu'il ne falloit pas perdre vne occa-
ſion ſi favorable de leur oſter le moyen de continuër ce ſcandale
qui n'avoit que trop de fondement, puis que M. de l'Eſtang
n'ayant point voulu entrer dans ce logis, bien qu'il en eûſt les
clefs, envoya querir le Lieutenant de Nanterre pour faire inventaire des meubles qui y eſtoient, & l'inventaire eſtant fait, il ſe
trouva chargé de pluſieurs meubles & de pluſieurs ajuſtemens de
femmes, qui furent rendus à cette Magdelaine Lorin qui les fit
redemander en Iuſtice.

On avoit diſſimulé toutes ces choſes dãs le Factum des Preſtres
& des Hermites, parce qu'on n'avoit garde de s'imaginer que les
Iacobins s'en ſerviroient pour donner des ateintes mortelles à la
reputation des Eccléſiaſtiques. Mais ces Religieux n'ont point
craint de ſe porter ſans fondement à la diffamation la plus ca-
lomnieuſe qu'on puiſſe inventer contre des Preſtres, pourveu
qu'ils peuſſent, au moins pendant quelque tems, imprimer dans
l'eſprit de leurs Lecteurs de mauvais ſentimens de leur conduite, & ſe raſſaſier eux-meſmes du plaiſir, & de la douceur qu'v-
ne ame mal-affectionnée envers ſon frére, ſent comme dit ſaint
Auguſtin, [b] à former contre luy des ſoupçons deſavantageux: *ma-
levolæ animæ quaſi dulciter ſapit quod peſsimè ſuſpicatur.*

Mais les Iacobins devoient chercher d'autres prétextes pour
appuyer

a *Fact. des Iacob.
pag. 17. l. 33.*

b *Serm. 53. de
Verb. Dom.*

appuyer leurs calomnies & satisfaire leur passion criminelle, que
ce qui s'est passé entre M. de l'Estang & cette fille, puis que ce
différent qu'il a eû inopinément avec elle, arriva en plein midy,
lors qu'elle estoit accompagnée d'une autre fille, dans un grand
chemin, & proche de trois ou quatre maisons, qui estoient voi-
sines; qu'il est faux qu'il ait esté mis en prison pour ce crime
prétendu, mais seulement pour cette provision de soixante livres, qui luy a enfin esté renduë par un Arrest; & que quand il
auroit ouy pendant son sommeil les paroles qu'ils r'apportent
dans leur écrit, " ce n'est pas un argument, ny un témoignage,   a Pag. 18. l. 27.
qu'il ait attenté à la pudicité de cette fille, puis qu'il y a peu de
personnes à qui on ne puisse addresser ces paroles, *vix salvari
poteris si sicut antea vixeris*, parce qu'il y en a peu qui n'ayent
besoin de changer de vie & d'estre excité à une plus grande fidelité envers Dieu : & que les Iacobins eux-mesmes ne voudroient pas qu'on eût le moindre soupçon contre leur pureté,
bien qu'il y ait tant de fondement de leur dire, sans faire le Prophete, qu'assurément ils auront bien de la peine à estre sauvez,
s'ils vivent comme ils ont vescu jusqu'à present, & s'ils ne ré-
parent publiquement, & à la face de toute l'Eglise tous les excez, toutes les violences, & toutes les calomnies qu'ils ont exercées & qu'ils ont publiées contre les Ecclesiastiques & contre les
Hermites du Mont-Valérien.

Deffense du droit & de la personne de M. de la Font Supérieur de la Congrégation.

LEs Iacobins reprochent à M. de la Font quatre choses, 1.
son grand âge, 2. l'interest, 3 la brigue & la cabale, 4. le
deffaut des formes dans son élection.

1. Pour ce qui est du grand âge, ce reproche est bizarre & fort
extraordinaire en la personne d'un Supérieur; & l'on n'avoit pas
encore ouy dire qu'un homme, pour estre en un âge avancé, ne fut
pas propre pour conduire les autres, & pour gouverner une Communauté.

Sans doute que les Iacobins voudront bien tost qu'on oste aux
Peres, qui auront atteint l'âge de 60. ou 70. ans la conduite de
leurs familles; qu'on interdise dans l'Estat & dans l'Eglise les Magistrats & les Pasteurs qui seront arrivez jusqu'à cét âge, où la
prudence est pour ainsi dire dans sa force & dans sa vigueur; &

qu'on renverse l'ordre mesme de la nature, afin d'élever les jeunes gens dans les Charges, & de soûmettre à leur conduite ceux que Dieu leur ordonne de reverer, & dont il leur commande, en tant d'endroits de l'Ecriture, de suivre en toutes choses les lumieres & les conseils.

II. Si *la Principauté du College de Narbonne a suffi à M. de la Font* [a] *depuis tant d'années*, avec quel fondement luy reproche-t'on [b] d'avoir cherché à *profiter de la déroute des deux partis ?* Vne maison qui estoit toute désolée, selon les Iacobins, & qui n'a point de fonds, selon eux, estoit-elle capable d'inspirer de la cupidité à un Ecclésiastique, qui avoit fait paroistre un si grand desinteressement l'espace de tant d'années? Et cette facilité avec laquelle ils supposent en un autre endroit [c] qu'il *a renoncé à la Superiorité, & qu'il a consenty à un changement, qui luy paroissoit necessaire pour le bien de la maison*, ne ruine-t'elle pas cette premiere supposition, & n'est-elle pas une preuve convaincante, que comme il n'avoit regardé que le bien de la Congrégation en acceptant cette Charge, le mesme motif qui la luy faisoit abandonner, la luy avoit fait accepter.

Pour ce qui est du reproche qu'ils luy font [d] de leur *avoir voulu vendre le Mont-Valérien moyennant deux mille livres*, il est tresfaux que M. Thevenin, qui a prêché cet Advent à S. Severin, ait esté par luy employé à cette negociation.

M. Thevenin au contraire est prest de témoigner à tout le monde *qu'il n'a point eû charge dudit S. de la Font de parler ausdits Religieux d'aucun accommodement, & que tout ce qu'il a fait, n'a esté que de son propre mouvement & par un pur zele qu'il avoit pour le repos dudit S. de la Font, & sur ce que les Religieux Iacobins luy en avoient parlé auparavant.*

C'est ce que l'amour de la verité l'a obligé de respondre lors qu'on luy a lû la page 99. de l'Ecrit des Iacobins : & s'ils vouloient faire acroire à M. de la Font qu'il leur *avoit voulu vendre le Mont Valérien*, ils devoient du moins luy faire employer pour cette négociation injuste, une personne qui n'eust pas toutes les belles qualitez qu'ils reconnoissent en ce *fameux Prédicateur*, & qu'il possede veritablement.

III. M. de la Font a esté si éloigné d'employer *la brigue & la cabale* [e] pour estre élevé à la charge de Superieur, que prévoyât bien la persecution que M. le Royer & les Iacobins luy feroient, & les despenses & les peines extrémes qu'il luy faudroit soûtenir pour

a *Paroles du Factum des Iacob.* pag. 15. l. 3.
b *Ib.* l. 4.

c *pag.* 10. l. 7.

d *page* 99. *dans la marge.*

e *Paroles du Factum des Iacob.* p. 15. l. 13.

reparer les maux qu'ils auoient faits à la Congrégation, il l'a toûjours regardée comme un fardeau tres-pefant, qu'il mettoit fur
fes épaules, & il n'euft iamais pú fe refoudre à l'accepter, fi MM.
les Vicaires Généraux, qui eftoient fes Superieurs, ne l'y euffent
engagé par la confidération de l'eftat déplorable, où la Congrégation eftoit reduite par les intrigues de M. le Royer, & des Iacobins, & de l'obligation qu'il avoit, en eftant membre, de travailler à fa confervation, & à fa deffenfe.

Il ne veut point d'autres témoins de fon innocence fur ce point
que MM. les Vicaires Généraux qui eftoient alors ; Et il eft affuré qu'ils ont trop de iuftice & de générofité pour ne pas declarer à
tout le monde, qu'il n'a iamais brigué cét employ, ny par luy, ny
par fes amis, mais que ce font eux qui l'ont preffé de l'accepter,
particulierement M. le Doyen de Noftre-Dame, dont il a l'honneur d'eftre connu depuis quarante ans, & avant mefme qu'il fuft
Principal du College de Narbonne.

Aprés tout, les Iacobins n'ont pû faire ce reproche à M. de la
Font, & inventer cette calomnie contre luy, fans bleffer le refpeét
qu'ils doivent à MM. les Vicaires Generaux, & les faire paffer in-
folemment pour des perfonnes, qui fe font laiffez aller à la *brigue
& à la cabale,* [a] & qui dans vne affaire de cette importance ont fait
les chofes *fans obferver nulles des formalitez impofées par les Statuts.*

[a] *Fact. des Iacob.*
p. 15. l. 13. &c.

IV. Mais il ne faut, pour iuftifier pleinement la conduite de
MM. les Vicaires Généraux, & pour achever de faire voir la validité de l'efleétion de M. de la Font à la charge de Superieur de
la Congrégation, que répondre en peu de mots à tout ce qu'ils
objeétent de nouveau dans cet Ecrit pour la combattre.

Ils difent donc [b] 1. qu'il n'eft point véritable qu'elle ait efté faite à la pluralité des voix, & 2. que M. de la Font ne pouvoit eftre
eftably Superieur, parce qu'il n'eftoit point membre de la Congrégation.

[b] *pag. 41.*

1. Il faut une eftrange temerité, pour nier hardiment que M.
de la Font ait efté efleû à la pluralité des voix, apres qu'il y a plufieurs Aétes autentiques qui le difent formellement ; aprés que
ces Aétes ont efté produits à l'Officialité, & que ç'a efté fur ces
mefmes Aétes qu'on y a fait le procés à M. le Royer, pour n'a-
voir pas rendu à M. de la Font le refpeét qu'il luy deuoit en qualité de Supérieur : Enfin, aprés que MM. les Vicaires Généraux
en rendent eux-mefmes vn témoignage fi folemnel dans les Lettres d'Inftitution addreffées à M. de la Font. *Cumque aéto fiu in-*

VALIDITÉ
de l'élection de
M. de la Font.

*ſtrumento publico de die 20. menſis & anni currentium confecto, Hubert
ſignato, in te ac Mag. Ioannem le Feron etiam dicta communitatis
Presbyterum pluralitatem votorum ac ſuffragiorum dicta ſocietatis ceci-
diſſe nobis conſtiterit.*

2. Il n'y a pas moins de témérité à nier que M. de la Font *ait
eſté incorporé dans la Congrégation*, puiſque les meſmes Vicaires.
Généraux luy donnent dans ſes Proviſions la qualité de membre
de la Congrégation, *Presbytero domus ac Societatis Montis Calvariæ,*
& que ce faict eſt tres-conſtant par l'Acte de ſa reception en date
du 22. Fevrier 1650. par lequel il eſt évident qu'il fut admis dans
la Congrégation avec toutes les ſolemnitez accouſtumées par
M. Charpentier, qui vivoit encore alors, & par les autres Preſtres de la Congrégation, qui en demandérent en ſuite la Confirmation à M. l'Archeveſque de Paris, laquelle leur fut accordée
par M. du Sauſſey, alors Vicaire Général: Voicy les propres termes de cét Acte. *Nos infra ſcripti Superior cæteri que Presbyteri Congregationis de Calvaria nuncupatæ fidem facimus, Illuſtriſſimo & Re-
verendiſſimo D. Archiepiſcopo Pariſienſi Ioannem de la Font Diœceſis
Vticenſis Sacerdotem apud nos probatione ſufficienti idoneum eſſe reper-
tum qui Societati noſtræ adſcribatur quare præfatum R. D. ſupplicamus
vt eum nobis aſſociare dignetur.*

3. Mais quand M. de la Font n'auroit point eſté membre de
la Communauté du Calvaire, quand il n'auroit point eſté eſleu
à la pluralité des voix; & quand nulles des formes preſcrites par
les Statuts ne ſe ſeroient rencontrées dans ſon eſlection, on a eû
raiſon de ſoûtenir dans le Factum des Preſtres & des Hermites
qu'elle ne devroit pas laiſſer de ſubſiſter, non ſeulement parce.
que MM. les Vicaires Généraux, ayant l'autorité de M. l'Archeveſque en main, ont eû droict de diſpenſer des loix faites par cette meſme autorité, mais encore parce que les Lettres meſmes de
conceſſion, que feu M. l'Archeveſque a accordées à la Congrégation, & qui ſont confirmées par les Statuts, leur donnent ce
pouvoir. Voicy comme M. l'Archeveſque parle dans ces Lettres. *Et aprés le decés ou démiſſion dudit ſieur Charpentier, les Preſtres
aſſociez de ladite Communauté, nous nommeront & préſenteront ou à
nos Vicaires Généraux dans vn mois, vn d'entr'eux, le plus idoine & capable en leurs conſciences, pour eſtre Superieur de ladite Communauté en
ladite maiſon, aux fins d'eſtre confirmé & approuvé,* OV A FAVTE DE
CE FAIRE DANS LEDIT TEMPS, ET ICELVY PASSE, Y SERA PAR
NOVS OV NOS VICAIRES GENERAVX POVRVEV, D'VN SVPE-
RIEVR

a pag. 28. L. 22.

RIEVR DE LADITE COMMVNAVTE', OV AVTRE PERSONNE
CAPABLE.

Ces paroles sont entierement décisives, & rendent l'eslection
de M. de la Font inébranlable de quelque costé qu'on l'attaque.
Car puis qu'un mois estant expiré, le droict d'élire vn Superieur
est dévolu à M. l'Archevesque, ou à ses Vicaires Généraux, &
que c'est alors à eux d'en nommer, & d'en establir un tel qu'il leur
plaist, soit qu'il soit de la Communauté, ou qu'il n'en soit pas : la
Congrégation ayant esté, selon les Iacobins, plusieurs années
sans choisir de Superieur, il appartenoit à MM. les Vicaires Généraux d'y en mettre un de leur propre autorité, & ils ont pû
mesme y en établir un qui ne fût point du tout de la Societé du
Calvaire : Que s'ils ne l'ont point fait, c'est que le nombre des Prestres estant suffisant pour proceder à l'eslection, conformément
aux Statuts, ils leur ont voulu laisser la mesme liberté que feu M.
l'Archevesque leur avoit accordée dans leur premiere institution ; ne iugeant pas qu'ils en deussent estre privez, puisque ce
n'avoit pas esté par leur negligence, ny par leur faute, que la
Congrégation avoit esté si long-temps sans Superieur, mais par
les intrigues & par les artifices de M. le Royer, & des Iacobins.

Il est donc constant qu'on ne sçauroit donner atteinte à l'eslection de M. de la Font à la charge de Superieur de la Congrégation, & l'on peut dire que Dieu ne l'a conservé malgré tous les
mauvais traittemens & les blessures tres-dangereuses qu'il a receuës des Iacobins, & qui seignent encore pour ainsi dire, que
pour leur resister en face, & maintenir contre leur entreprise vn
Institut qui est à sa gloire, & que ces Religieux veulent détruire.

Deffense de M. l'Abbé de Bougy, Proviseur de la Congrégation.

Comme tout ce qui combat les passions des hommes devient
le suiet de leur colere, & l'objet de leur indignation, il ne
faut pas s'estonner que les Iacobins se soient emportez avec tant
de fureur contre M. l'Abbé de Bougy, puis qu'il n'y a personne
qui se soit opposé avec plus de zele & plus de fermeté que luy,
au dessein qu'ils ont eû d'opprimer la Congrégation du Calvaire.

S'ils furent *surpris* ᵃ de voir cet Abbé accepter la qualité de
Proviseur lors que MM. les Vicaires Généraux la luy donnérent
par des provisions specialles, à la requeste de M. de la Font, & de

a *pag.* 19. *l.* 11.

tous les autres Preſtres de la Congrégation, c'eſt qu'ils virent bien
dés-lors, qu'eſtant ſous la protection d'vn homme ſi généreux
& ſi éclairé, il leur ſeroit plus difficile de s'en rendre les Maiſtres.

On n'entreprend point icy de détruire les calomnies qu'ils ont
inventées contre cet illuſtre Abbé. Sa reputation eſt trop bien
établie, & le public trop bien informé de ſa pieté & de ſa bonne
conduite, pour craindre que des Religieux, dont on a deſia découvert vn ſi grand nombre de menſonges & d'impoſtures, faſſent la moindre impreſſion dans l'eſprit des Lecteurs.

Il ſuffit de remarquer en paſſant, que le reproche qu'ils luy font
d'eſtre *vn Calviniſte ancien*, c'eſt à dire proprement de n'eſtre pas
né Catholique, ne peut tourner qu'à leur confuſion, puis qu'il
n'euſt pas plûtoſt atteint l'aage d'un parfait diſcernement, qu'il
abandonna la maiſon de M. ſon pere, & toutes les eſperances du
ſiecle, pour ſe faire inſtruire dans la Religion Catholique, &
qu'eſtant enfin tombé dans vne grande extremité de maladie en
la Ville de Semur en Bourgogne, il y fit abjuration de l'hereſie, qu'il
avoit déja quittée dans le fonds de ſon cœur, & la fiſt avec tant
de zele, qu'aprés avoir reçû la ſainte Euchariſtie, Dieu luy ren-
dit la ſanté du corps & celle de l'ame en meſme temps, contre
l'attente de tout le monde.

Auſſi les Iacobins voyant bien que ce changement de Religion
ne luy pouvoit eſtre que glorieux ; puiſque Dieu a tiré les plus
grandes lumieres des plus profondes tenebres de l'erreur; ils ont
oſé l'accuſer de l'avoir fait *avec intereſt*. Comme ſi la maniere avec
laquelle il a toûjours veſcu depuis ce temps-là, & l'ardeur avec
laquelle il a travaillé depuis qu'il eſt Proviſeur de la Congrégation du Calvaire, à la Converſion de pluſieurs perſonnes de qualité, qui ont fait abjuration par ſes ſoins, n'eſtoient pas des
preuves conſtantes & publiques de la conviction de ſon cœur &
de ſon attachement à l'Egliſe & aux Veritez qu'elle enſeigne.

On ne s'attachera donc qu'à ce qui regarde l'intéreſt de la Congrégation du Calvaire, qui a fait connoiſtre par le choix qu'elle a
fait de ſa perſonne, qu'elle avoit vn deſir ſincere de ſuivre avec
toute la fidelité qui luy eſtoit poſſible l'eſprit de ſon Inſtituteur,
& de vivre dans la perfection qui luy eſt preſcrite par ſes Statuts;
en effet ſi les Preſtres du Calvaire euſſent eſté tels que les Iacobins les ont dépeints, euſſent-ils choiſi un Proviſeur auſſi ferme
& auſſi zelé pour la diſcipline Eccléſiaſtique, que M. l'Abbé de
Bougy ; & euſſent-ils voulu s'engager à ſuivre les conſeils d'un
Directeur ſi ſage & ſi deſintereſſé ?

Il est vray que *les Statuts ne font point mention d'un Proviseur* [a] a Fact. des Iacob. Mais puis que feu M. l'Archevesque de Paris n'a pas pû prévoir, pag. 19. l. 13. en les donnant à la Congrégation, qu'elle en auroit besoin pour la deffendre contre l'entreprise des Iacobins, & pour bien d'autres utilitez particulieres, pourquoy M M. les Vicaires Généraux, qui avoient en main l'authorité par laquelle ces Statuts avoient esté dressez, n'ont-ils pas pû y ajouster ce nouveau moyen de la rendre ferme, & inébranslable?

Pourquoy cette Congrégation n'aura-t'elle pas pû imiter un tres-grand nombre de Communautez tres-celebres d'Ecclesiastiques qui ont leur Prouiseur? Pourquoy n'aura-t'elle pas pû suivre l'exemple de la Maison de Sorbonne, de la Maison de Navarre, du College d'Harcour, & de tant d'autres, qui outre leurs Doyens & leurs Prieurs, ont encore des Proviseurs sous la protection desquels ils se mettent. Les Ordres Religieux n'ont-ils pas leurs Protecteurs? & la Maison mesme des Iacobins de S. Honoré, outre son Prieur, n'a-t'elle pas un Protecteur? Ces bons Peres diront-ils qu'ils l'ont reçu de S. Dominique, & conformément à sa Regle?

Ce n'est donc pas la Charge de Proviseur qui déplaist aux Iacobins, mais le choix que l'on a fait de M. l'Abbé de Bougy qui connoist si particulierement l'esprit des Moines, & qui a bien appris à se précautionner contre leurs artifices & leurs entreprises dans le procés qu'il a eû avec ces Religieux estrangers dont ils ont parlé [b] dans leur Ecrit.

b p. 19. l. 22.

Car ces Moines s'estant intrus dans son Abbaye de saint Vrbain, sous prétexte de Réforme, & y ayant fait entrer avec eux un Cravate nommé Théodore travesty en Religieux, choisirent, pour luy dresser une embuscade & l'assassiner, le jour mesme de S. Maur, auquel M. l'Abbé de Bougy avoit pris resolution d'aller se divertir à la Pesche sur le bord de la Marne. Ces Moines qui vouloient usurper sur luy ce droict de Pesche, au mespris d'un Arrest du Parlement, se rangérent dans de differents postes sous la conduite de ce Cravate : & un Gentil-homme qui estoit alors domestique de cét illustre Abbé, ayant paru accompagné de son Maistre d'Hostel, ils firent leur décharge sur eux ; de sorte que ce Gentil-homme se voyant percé de trois balles de calibre au trauers du corps, déchargea le fuzil qu'il tenoit, sur le Cravate, dont il tomba par terre. Ce qui ayant animé les autres encore davantage, ils vinrent au nombre de cinq fondre sur luy, & ce Gentil-homme fut obligé tout blessé qu'il estoit, de se deffendre

contre eux l'épée à la main. Tout cela arriva dans un temps
où M. l'Abbé de Bougy estoit dans l'Abbaye avec le grand Prieur
lisant les Epistres de S. Bernard avec luy, & estant bien éloigné
de penser que des Religieux eussent esté capables d'un si horrible attentat.

On ne répond point icy à cette expulsion imaginaire des Iacobins, [a] & à cette resistance rebelle à l'Arrest du Conseil dont
on le fait auteur. On a desia fait voir la fausseté de cette supposition dans le Factum des Prestres & des Hermites, [b] & on ache-
vera de la découvrir dans la justification des faits qu'on a avancez dans le premier Factum.

Il n'est point vray que depuis que M. l'Abbé de Bougy a eû la
bonté de recevoir la qualité de Proviseur, *on n'ayt point eû de con-*
sidération pour cette qualité, & qu'on ait travaillé sans luy à trouver
un Superieur. [c] C'estoit devant que les Prestres de la Congrégation
eussent connu son merite, & qu'ils l'eussent eslû pour estre Proviseur de leur Maison, qu'on cherchoit une personne qui eût assez de credit & d'autorité pour la soûtenir contre leurs injustes
poursuites : Mais on ne sçauroit faire voir que, depuis que M M.
les Vicaires Généraux eurent étably M. l'Abbé de Bougy dans
la Charge de Proviseur, tous les Prestres de la Congrégation
n'ayent pas eû pour luy tout le respect & toute la déference qui
luy est deuë pour le rang qu'il tient dans l'Eglise, & en particulier pour celuy qu'il a dans leur Communauté ; & le zéle avec
lequel il a toûjours pris la deffense de ses intérests, & dont elle luy
sera éternellement redevable, fait bien voir que les Prestres n'ont
jamais manqué à ce qu'ils luy doivent, & que pour luy il a toûjours esté depuis, & est encore tres-affectióné à la Congrégation.

L'Estat veritable où estoit la Congrégation lors que les Iacobins s'en sont emparez.

CE n'est pas assez d'avoir effacé toutes les fausses impressions
que les Iacobins ont données au public, de ce que la Congrégation du Calvaire a esté dans son institution & dans son
progrés, & d'avoir iustifié la conduite & le droict des Prestres
qui s'opposent à leur usurpation : Il faut encore exposer en peu
de paroles en quel estat elle estoit lors qu'ils s'en sont emparez
avec violence. Car c'est cette connoissance particuliere qui doit
achever de les rendre inexcusables dans cette injuste entreprise.

Il est constant que lors que les Iacobins ont usurpé le Mont-Valérien, la Congrégation du Calvaire n'avoit iamais esté en un meilleur estat depuis son établissement.

Elle devoit ce bon-heur aux soins de MM. les Vicaires Généraux de M. le Cardinal de Rets, qui par un zéle digne du rang qu'ils tenoient dans l'Eglise, & de l'affection qu'ils avoient pour la Hierarchie, s'estoient crûs obligez de s'appliquer à la deffense & à la conservation d'une Communauté qui faisoit vne profession particuliere d'estre soûmise à son Archevesque.

Dés l'année 1657. M. de Caux y avoit esté incorporé, aprés une année de probation, comme porte l'Acte de sa reception, *cum tempus annua probationis Magistri Petri de Caux Sacerdotis ambian. effluxerit;* & aprés avoir presté le serment solemnel entre les mains de M M. les Vicaires Généraux, *prestito prius per eundem de Caux in manibus nostris juramento.* Et quoy que M. le Royer l'eût obligé par ses mauvais traittemens à sortir de la maison du Calvaire, il n'a pourtant pas laissé de se considerer toûjours depuis comme membre de la Congrégation, & de luy rendre tous les bons Offices qu'elle pouvoit desirer de luy, comme il paroist par les Actes de reception de MM. Doyen & de Vernay, où il a signé en 1661. & par l'Acte de prise de possession des Iacobins, par lequel il est constant qu'il residoit actuëllement dans la maison du Calvaire, lors qu'ils s'en sont emparez, aussi bien que M. Doyen, puis qu'il y est dit qu'ils s'opposérent tous deux à la prise de possession.

L'on a desia fait voir [a] que les Iacobins n'ont osé disputer à M. Baillu la qualité de membre de la Congrégation; & l'on a prouvé [b] qu'en l'année 1660. le 19. May, MM. le Feron & de l'Estang y furent incorporez avec toutes les solénitez requises par les Statuts.

Le 20. Decembre de la mesme année M. de la Font fut élû à la pluralité des voix, presenté à MM. les Vicaires Généraux qui le choisirent selon les Statuts pour estre Supérieur, l'instituérent & le confirmérent en cette Charge le 22. du mesme mois.

Il y avoit desia plusieurs années que M. du Hamel avoit esté reçu dans la Congrégation, comme il est évident par la permission que les Prestres de la Congrégation demandérent à feu M. l'Archevesque de continuër M. Charpentier dans la Charge de Supérieur & qui est signée de luy. Cela est encore évident par l'élection de M. Segure en la Charge de Vice-Supérieur qui est signée par le mesme M. du Hamel.

a Dans la page 12.

b Dans la page 16. & 17.

H

M. Puinet fut reçu par la Congrégation au nombre des Agrégez en 1661. aprés une espreuve suffisante de sa pieté & de ses
bonnes mœurs, comme porte expressément l'Acte de sa reception du premier Iuillet de la mesme année. *Post sufficientem pie-
tatis & morum probationem in Agregatorum numerum adscripserunt,*
& confirmé le sixiesme du mesme mois dans cette qualité par
M M. les Vicaires généraux. *Permittimus ut præfatus Mag. Guil.
Puinet in numerum Agregatorum dictæ Congregationis admittatur.*

M M. Doyen & de Vernay furent reçus au mesme rang des
Agrégez le 18. de Decembre de la mesme année 1661. aprés une
espreuve suffisante, & confirmez en cette qualité par MM. les
Vicaires généraux le 30. du mesme mois.

Aprés des preuves si convaincantes du droit & de la qualité
de ces Eccléfiastiques : aprés des Actes si autentiques de leur
reception dans la Congrégation, & du consentement que M M.
les Vicaires généraux y ont donné, comment les Iacobins ont-
ils pû dire, *a qu'ils n'ont iamais esté ny Agrégez ny incorporez, soit du
temps de l'Instituteur, soit aprés sa mort ; que la Congrégation ne les
connoist point ;b que M M. les Vicaires généraux ne les y ont point
introduits ; & que ce n'est que depuis la prise de possession des Iacobins qu'on s'est avisé de se servir de leurs noms pour faire croire par
cette supposition qu'il y avoit une Congrégation de Prestres nombreuse
& considerable qu'on a eu tort de supprimer ?c*

Ne s'agit-il pour combattre les véritez les plus constantes que
de les nier impudemment : & d'avancer insolemment le contraire contre le témoignage de ses propres yeux & de sa propre conscience ? Et les Iacobins peuvent-ils reconnoistre, comme ils
font dans ces paroles, toutes fausses & toutes malignes qu'elles
sont, *qu'on auroit eu tort de supprimer cette Congrégation*, si les
Prestres, dont il est parlé dans le Factum, *y avoient esté aggrégez
ou incorporez & introduits par M M. les Vicaires généraux*, sans se
condamner eux-mesmes, & faire voir qu'ils n'ont pû, sans la
plus visible injustice qui fut jamais, s'en emparer dans le tems où
elle estoit pourveuë d'un Superieur qui avoit toutes les qualitez
nécessaires pour la gouverner ; dans un tems, où le nombre des
Eccléfiastiques porté par les Statuts, estoit presque remply, &
où il y en avoit neuf ou dix d'Agrégez ou d'incorporéz ; dans un
tems, où elle jouyssoit d'une profonde paix & d'une parfaite tran-
quilité, & où tous ses Statuts estoient en vigueur ; enfin dans un
tems, où M M. les Vicaires généraux luy avoient donné un Pro-

viſeur qui par ſes ſages conſeils eſtoit capable de réparer en peu
de tems tous les maux, que M. le Royer qu'on en avoit exclu, luy
avoit fait ſouffrir, & qui en effet avoit deſia fait avec les Preſtres
de grandes deſpenſes pour r'établir tous les lieux.

De ſorte que lors que l'on conſidere les calomnies que les Iacobins ont inuentées contre la Communauté du Calvaire, contre ſon Inſtituteur, & contre les Preſtres qui la compoſent, afin
de ſe maintenir dans l'uſurpation qu'ils en ont faite avec tant de
violence : On ne peut s'empeſcher de ſe reſſouvenir des paroles
du Prophete Michée, où le portrait de ces Religieux eſt ſi vi- *a Chap. 2. v. 2.*
vement exprimé par le doit de Dieu meſme, *a Concupierunt agros,*
& violenter tulerunt & rapuerunt domos & calumniabantur virum, &
domū ejus; virum, & hæreditatem ejus : Ils ont déſiré de poſſeder le champ
qui ne leur appartenoit point, ils l'ont emporté par violence : & en
raviſſant la maiſon meſme, ils calomnioient le maiſtre de la maiſon & ſa
famille, le maiſtre de la maiſon & ſes ſucceſſeurs.

Les fauſſes idées que les Iacobins ont données dans leur Ecrit, de la Communauté des Hermites.

APrés avoir deſtruit les fauſſes idées que les Iacobins ſe
ſont efforcez de donner au public de la Congrégation du
Calvaire & des membres qui la compoſent, il eſt juſte d'effacer
les mauuaiſes impreſſions qu'ils ont voulu luy donner de la Communauté des Hermites & de ceux d'entre ces Anacoretes qui
s'oppoſent à leur uſurpation. Car encore que les intereſts de ces
deux Communautez ſoient bien differents : neantmoins comme les Iacobins ont exercé contr'elles les meſmes violences
pour les chaſſer de la Montagne, ils ont eû recours pour ſe maintenir également contr'elles dans cette injuſte poſſeſſion, aux meſmes déguiſemens, aux meſmes impoſtures & aux meſmes calomnies.

Et pour commencer par celles qui regardent la poſſeſſion immémorialle des Hermites ſur la Montagne, les Iacobins diſent *b* *b pag. 17. l. ult.*
pour la combattre, *qu'avant 1611. il n'y a eû qu'vn Hermite qui eſtoit*
le Reclus ſur le Mont-Valérien. Et que la Lettre meſme de Gerſon,
dont on a parlé, en eſt vne preuve, puis que *c'eſt au Reclus qu'elle eſt*
addreſſée, & non pas aux Hermites. *c* *c pag. 68. l. 34.*
Tous les Auteurs qui ont écrit du Mont-Valérien avoüent POSSESSION
qu'on ne ſçauroit marquer le temps où cette Montagne a eſté immemorialle des Hermites.

confacrée à la Solitude. La tradition des plus anciens Hermites, & des Habitans de Nanterre, est, qu'elle fut sanctifiée par Sainte Geneviefve, qui s'y retiroit souvent pour y faire ses prieres : Et les Iacobins en demeurant d'accord *qu'elle n'est devenue habitable que depuis 30. ou 40. ans, & que l'on n'y alloit que par vn sentier estroit & escarpé, qui estoit le seul qui y conduisoit*, reconnoissent assez eux-mesmes qu'elle n'a esté habitée iusqu'à ce temps-là que par des Solitaires. Aussi croit-on avec beaucoup de fondement que c'estoient ceux qui y demeuroient, qui avoient soin d'vne ancienne Chappelle de Nostre Dame de Bonne-Nouvelles, dont il est parlé dans les Antiquitez de Paris, & qui y entretenoient par leur pieté & par l'estime qu'on faisoit de leur vertu, la devotion des Fidelles.

Quoy qu'il en soit, c'estoit aux Iacobins qui entreprenoient de détruire cette possession immémorialle de marquer précisément le temps & l'année où cette Montagne a commencé à devenir, comme ils disent, *inaccessible*, & à n'estre *habitée que par vn Reclus*, & ils devoient pour cela apporter d'autres preuves que celles qu'ils ont alleguées, puis qu'il est aisé de faire voir qu'il n'y a rien qui establisse davantage cette possession.

Car il est tres-faux qu'*avant l'an 1611. il n'y ait eû qu'vn Hermite qui estoit le Reclus sur la Montagne*. Il y en avoit plusieurs du temps mesme du F. Iean du Houssay, qui s'enferma dans la Cellule du Réclus, aprés la mort de cette illustre fille, [b] qui s'y estoit enfermée en 1556. & y avoit fait bastir la Chappelle de S. Sauveur qui s'y voit encore aujourd'huy, & qui fut destinée dés ce temps-là à l'vsage de plusieurs Solitaires ; comme il est évident par l'Epitaphe de cette sainte Fille, où les prieres qu'ils estoient obligez de dire tous les iours devant la Messe, & le soir au Salut, pour satisfaire à vne Fondation qui y avoit esté faite de son temps, y sont marquées.

F. Iean du Houssay ayant vescu quarante huit ans dans cette Cellule, un autre Hermite appellé Pierre de Bourbon, natif de Blois, aprés avoir perseveré aux environs de la Cellule du Réclus plus de 21. an, la trouvant vuide par la mort du F. Iean du Houssay, s'y enferma aussi, & y persevera iusqu'en 1639. aprés avoir observé la Solitude sur cette sainte Montagne 51. an & deux mois.

Vne année auparavant le F. Iean le Comte, natif du Mans, estoit decedé, aprés avoir demeuré 40. ans sur le Mont-Valérien, & n'en sortit que pour aller au Ciel en 1638.

Il n'eſt parlé dans l'Hiſtoire de ce temps-là que de ces trois Hermites, parce qu'ils menérent vne vie toute extraordinaire. Mais Dieu a permis qu'on ait marqué ces particularitez de leur vie, afin qu'on puſt convaincre de fauſſeté les Iacobins, lors qu'ils ont avancé qu'*il n'y avoit eû que le Reclus ſur la Montagne avant l'an-née 1611.* Car il eſt évident par le temps du decés de ces trois ſaints Hermites, & par celuy qu'ils ont veſcu ſur le Mont-Valé-rien, que dés le temps meſme du F. Iean du Houſſay, qui mou-rut en 1609. le F. Pierre de Bourbon, & le F. Iean le Comte me-noient vne vie toute miraculeuſe ſur la Montagne.

En effet, puiſque le F. Pierre de Bourbon a veſcu 51. an & da-vantage ſur le Mont-Valerien, & qu'il n'eſt mort qu'en 1639, 30. ans aprés le F. Iean du Houſſay, il faut neceſſairement qu'il y ait eſté vingt & vne année Solitaire pendant la vie du meſme F. Iean du Houſſay, qui y mourut en 1609. Et que le F. Iean le Comte y ayant paſſé 40. années en Solitude, & n'eſtant mort qu'en 1638. 29. ans aprés la mort du F. Iean du Houſſay, il y ait auſſi paſſé plus de dix années pendant la vie du meſme F. Iean du Houſſay, & toutes les 40. années de ſa Solitude pendant celle du F. Pierre de Bourbon.

Comment donc les Iacobins ont-ils pû avancer en 4. differens endroits de leur Ecrit *qu'avant 1611. il n'y a eu que le Réclus ſur le Mont-Valérien;* puis qu'il eſt certain que dés l'année 1599. il y en avoit trois qui y menoient vne vie toute Angelique, & que l'A-&te meſme de la priſe de poſſeſſion de Seraphin de la Noüé dont ils parlent, en datte du 27. Octobre 1609. fait mention expreſſe *des Freres Pierre de Bourbon & Frere Iean le Comte;* ce qui montre encore, qu'il eſt tres-faux, qu'*avant 1611. il n'y ait eû qu'vn Hermite, qui eſtoit le Réclus, ſur le Mont-Valérien.*

Pour ce qui eſt de l'argument qu'ils tirent de la Lettre de Ger-ſon addreſſée au Réclus, Il n'y a perſonne qui ne voye que c'eſt vne conſequence ridicule de conclure, comme ils font, que parce que cette Lettre ne s'addreſſe qu'au Réclus du Mont-Valerien, il n'y avoit point d'autres Hermites ſur cette Montagne. Au con-traire, il y a beaucoup d'expreſſions dans cette Lettre, qui mar-quent, qu'encore qu'il fuſt ſeul dans ſa Cellule, & qu'il eût fait reſolution de n'en ſortir jamais, il n'eſtoit pourtant point ſeul ſur la Montagne, & que les autres Hermites avoient ſoin de luy ap-porter toutes les choſes qui luy eſtoient neceſſaires. Car dans le quatrieſme avis que ce grand homme luy donne, il luy conſeille

I

a pag. 68. l. 1.
Ib. l. 11. p. 74.
l. 7. & 8.

b pag. 67.

c pag. 68. l. 34.

de *moderer ses jeusnes selon le jugement de ceux qui luy rendent leurs assistan. es* : Et dans le dixiesme *de mettre la clef de sa cellule en un lieu si commode qu'on la puisse promptement trouver en cas de nécessité* : Car ces avis auroient esté inutiles, s'il n'y avoit eû d'autres Solitaires sur la Montagne qui luy eussent rendu leurs assistances, & qui eussent esté en estat de le secourir dans ses besoins & de se servir de sa clef pour entrer dans sa Cellule lors qu'il les eust appellez à son secours.

Mais si les Iacobins n'alleguent rien pour combattre la possession immemorialle des Hermites qui ne l'établisse puissamment, ils n'ont rien avancé contre l'existence de leur Communauté, qui ne la rende incontestable.

En effet peut-on prétendre que parce que les Hermites ne sont pas en aussi grand nombre que les Iacobins, ils ne soient pas capables de composer une Communauté ? Iesus-Christ n'a-t'il pas promis que *lors que deux ou trois seroient assemblez en son nom qu'il seroit au milieu d'eux* [a] ? que *sur le témoignage de deux ou trois personnes toutes choses deviendroient* [b] *stables* ? Et les Iacobins ne demeurent ils pas d'accord eux-mesmes en termes formels,[c] *que par la disposition Canonique il faut au moins trois personnes pour faire une Communauté, tres faciunt Collegium* ? Comment donc aprés cela ont-ils ozé traitter [d] la Communauté des Hermites, de *Communauté prétenduë*, & dire positivement *qu'il n'y en a jamais eú*, que c'est [f] *une imagination*, que c'est *une imposture*, [g] & cela parce qu'ils prétédent qu'elle est reduite à present à trois Hermites, [h] quoy qu'ils ayent esté forcez par la verité de reconnoistre dans les paroles que l'on vient de rapporter qu'il n'en faut pas davantage que trois *pour faire une Communauté*.

Mais outre qu'il y avoit cinq Hermites, lors que les Iacobins se sont emparez de leurs Cellules, & qu'ainsi leur nombre surpassoit celuy qui est nécessaire, selon les Canons, pour composer une Communauté, il est constant qu'ils ont encore toutes les autres conditions qu'on peut desirer pour une Communauté.

Car 1. ils ont tous le mesme Superieur qui éxamine leur vocation à la vie Herémitique, qui les reçoit au nombre des Hermites, qui leur en donne l'habit, qui veille sur toutes leurs actions, & sans la permission duquel ils ne sçauroient rien entreprendre d'extraordinaire.

2. Ils suivent la mesme regle, qu'ils ont reçuë de feu M. Hebert qui estoit alors Penitencier de l'Eglise de Paris , & qui

a Mat. 18. 20.

b Ib. 16.

c page 10. l. 33.

d pag. 62. l. 4.
pag. 74. l. 5.
e pag. 74. l. 6.
f Ib. l. 4.
g pag. 75.

h pag. 62. l. 4.

fut depuis Archevefque de Bourges. Feu M. Charton qui luy
fucceda dans la Charge de Penitencier, & dans la Superiorité des Hermites, l'a encore approuvée depuis, fçavoir en l'année 1624. Et cette Regle contient un fi grand nombre de pré-
ceptes touchant le Service Divin, la converfation exterieure, la
maniere de fe conduire avec les feculiers & les eftrangers, les
habits, le travail & l'exercice du corps, qu'il y a peu de Communauté réguliere, qu'elle n'égale dans les pratiques de pieté, le
filence, le jeufne, l'abftinence & l'uniformité d'habit, de prieres
& de fentimens, qu'elle leur prefcrit.

3. Bien que les Hermites du Mont Valérien ayent des Cellules particulieres felon que leur eftat le demande, ils ne laiffent
pourtant pas d'avoir une Chappelle commune, où ils fe doivent
rendre tous les jours pour entendre la fainte Meffe, & chanter le
Salut. Ils ont en commun le bois & le clos, où ils travaillent enfemble, les Troncs, les aumofnes & le peu de pain qui leur eft di-
ftribué toutes les femaines & qu'ils partagent entr'eux felon
leurs befoins.

De forte qu'il ne s'obferve prefque rien dans les plus grandes
Communautez, qui ne fe garde exactement dans celle des Hermites, & les Iacobins ne peuvent dire que les Hermites du Mont-
Valérien *ne font aucun exercice en commun, foit fpirituël, foit corporel,* &
que *leur habit mefme n'eft pas vniforme,* fans combattre vne verité,
dont il y a autant de témoins que de perfonnes qui connoiffent les
Hermites du Mont-Valérien, qui ont vû leur Régle, laquelle eft
imprimée, & par laquelle il ne leur eft pas mefme permis de difpofer de leurs meubles aprés leur mort, & qui n'ont iamais remarqué de changement dans leurs habits.

Les fauffes idées que les Iacobins ont données dans leur Ecrit de ceux d'entre les Hermites qui s'oppofent à leur vfurpation.

O N n'envie point au Frére Réclus les Eloges qu'il a receus
des Iacobins dans leur Ecrit. Ils n'en pouvoient pas moins
dire pour les bons offices qu'ils ont reçûs de luy; & ce pauvre
Hermite ne pouvoit pas moins faire que ce qu'il a fait pour des
gens à qui il a témoigné *a* à la face de la Iuftice, eftre fenfible-
ment obligé de ce qu'ils le laiffoient dans *la liberté de demeurer, ou
de fortir de fa Cellule.*

POVRQVOY. le Réclus n'eft entré en caufe avec les autres.

a Dans l'Infor- mation faire par Monfieur Bénard de Rezé.

Pour ce qui est de ses autres Freres, ils avoüent ingenuëment qu'ils n'ont point d'indifference pour cela, & qu'encore qu'ils n'eussent pas fait vne profession aussi estroite que luy, de ne sortir iamais de leurs Cellules, ils y ont plus d'attachement, & qu'ils n'ont rien ressenty plus vivement que la nécessité, où les Iacobins les ont mis, de les abandonner, par les violences qu'ils ont exercées contre-eux, & dont ils les menaçoient tous les iours.

Peut-estre aussi que les Iacobins, qui ne ménagent le Réclus que parce qu'ils croyent qu'il peut encore leur estre vtile à quelque chose pour leur établissement, se sont imaginez que les Hermites du Mont-Valérien, prendroient de là occasion de découvrir ce qui auroit pû luy donner lieu de s'ennuyer dans sa Cellule. Mais ces Religieux se trompent fort, s'ils pensent que les Hermites ne voulussent pas contribuër de tout leur pouvoir pour couvrir les deffauts de leur Frére; Et l'esperance, qu'ils ont, que Dieu luy touchera enfin le cœur, & luy fera reconnoistre sa faute, leur fait oublier aisément tout ce qui le regarde, & tous les maux qu'il leur a fait souffrir.

Il est bon neantmoins que l'on sçache, qu'outre le premier motif qu'il a eû de se diviser d'avec eux pour favoriser les Iacobins, & dont on a parlé dans le premier Factum, ^a Il y a encore eú vn a pag. 34. mouvement qui est assez naturel, qui a formé en luy cette inclination, sçavoir qu'il est du Village de Gonesse, où les Iacobins ont une maison, & où ils sont fort puissans, & qu'ils ont à leur service son frere qui est leur Chirurgien, & dont le fils qui est neveu du Reclus, demeure avec eux & porte leur habit. Car le pays de la naissance a des charmes dót on a assez de peine de se deffendre, & qui se representent assez souvent aux Solitaires; & il y a peu de personnes dans quelque estat qu'ils soient qui soient à l'épreuve des interests & de l'établissement de leurs parens.

Mais si cela peut encore servir à iustifier le Réclus, il n'autorise point les Eloges que les Iacobins luy ont donnez : & ces loüanges luy eussent esté sans doute plus avantageuses dans une autre bouche que la leur. Elles ne sont utiles que pour faire conoistre que ces Religieux ne sont pas moins injustes dans la distribution de leurs Eloges, qu'ils sont hardis dans les impostures & les calomnies qu'ils ont avancées pour noircir la réputation des autres Hermites.

Deffense

Deffense du Frere Iean Bénard, dit le petit Frere Iean.

IL n'en faut point d'autre que la maniere dont les Iacobins parlent de luy dans ce nouvel écrit. Car il faut que la reputation de cét Hermite soit bien establie, & que sa pieté soit bien à l'épreuve & bien universellement reconnuë de tout le monde, puis qu'aprés dix ans tous entiers de recherches, aprés tant de vains efforts pour le perdre auprés des Grands & de ses Supérieurs Eccléfiastiques, parmy tant d'ennemis domestiques & estrangers qu'on suppose qu'il a faits, les Iacobins n'osent luy reprocher que des choses généralles, qui ne peuvent jamais passer que pour de tres-foibles accusations ; & que ne trouvant rien dans toutes ses actions que de tres-regulier, & de tres-digne de sa profession, ils ont esté foüiller jusques dans son cœur pour noircir ses plus secretes intentions.

On ne laissera pourtant pas de répondre à ces accusations & à ces impostures, toutes vagues & inutiles qu'elles sont, & de faire voir que les Iacobins ne sont pas plus heureux, & ne se côtredisent pas moins dans les calomnies qui sont toutes de leur invention, & où ils ont toute sorte de liberté de feindre ce qu'il leur plaist, que dans celles qu'ils appuyent sur quelques faits particuliers, déguisez, ou entierement supposez.

Voicy donc en peu de mots ce qu'ils reprochent au F. Iean *a pag. 62. & 63.* Bénard, 1. d'avoir passé de la condition de Laquais à la vie Heremitique : 2. *de cacher sous un air simple & composé, une ambition effective, & de mener une vie scandaleuse qu'il cache dans la multitude & dans le bruit :* 3. d'avoir fait des insultes à tous ses Freres, qu'il a mal-traitez en toutes sortes de façons. 4. d'avoir mis de la division parmy les Prestres du Calvaire. Et enfin 5. d'estre à Paris les trois parties de l'année.

On voudroit bien pouvoir suivre les mouvemens de la pieté de ce bon Religieux, & n'estre point obligé de parler de sa naissance, & de la maniere dont Dieu s'est servy pour le conduire dans la Solitude. Mais il est d'une famille trop honorable parmy les Bourgeois de Paris pour souffrir que, contre la verité, on l'accuse d'avoir esté engagé dans *une condition* que l'on nomme *basse & servile*; & dont par consequent le deshonneur ne peut que retomber sur ses parens.

K

1. Le Frere Iean estant demeuré orphelin à l'âge de dix ans, un de ses oncles qui estoit un riche Marchand de la ruë saint Denis, & qui estoit son tuteur, le prit dans sa maison & voulut avoir soin luy-mesme de son éducation. A l'âge de vingt-deux ans voyant les difficultez qu'il y avoit de servir Dieu dans le monde, il eut dessein de se faire Religieux. Il fut pour cet effet demander conseil à un bon Curé de Paris, qui estoit dans une tres-grande reputation pour sa vertu, & qui l'ayant entendu, luy fit offre de sa maison, avec toutes sortes de témoignages de bonté, l'assurant qu'il y auroit toute la liberté qu'il pouvoit souhaiter, de s'appliquer aux choses de son salut. Le Frere Iean accepta une offre qui luy estoit si avantageuse, & s'estant dérobé de la maison de son oncle, se retira dans celle de ce Curé.

Ses parens furent quinze jours sans apprendre de ses nouvelles, & sans avoir pû découvrir où il estoit. Mais le Frere Iean ayant sçeu la peine où ils estoient, l'empressement avec lequel ils l'avoient fait chercher dans tous les Monastéres de Paris, leur fit sçavoir le lieu de sa retraite, ses oncles l'y vinrent trouver; & celuy chez qui il demeuroit, ayant représenté à ce Curé, les larmes aux yeux, qu'il n'avoit point d'enfans engagez dans la marchandise, & qu'il avoit regardé son neveu pour luy laisser sa boutique, & le rendre Maistre de son traffic : le Frere Iean luy répondit qu'il préferoit les interests de son salut à tous ceux qu'il luy pouvoit représenter pour le r'engager dans le monde : de sorte que son oncle fut obligé de se contenter de le recommander à ce Curé qui luy promit de le regarder comme son propre frere, & d'en avoir un soin tout particulier. En effet il luy laissoit son argent en maniment, sans luy faire rendre aucun compte; il le menoit tousiours avec luy, excepté quand il estoit obligé d'aller en carrosse, & qu'il n'y avoit point de place dedans, & il luy permettoit d'assister à tout le Seruice & à toutes les Predications qui se faisoient dans la Paroisse.

L'esprit de Dieu qui appeloit ce jeune homme à une vie encore plus solitaire & plus dégagée que celle qu'il menoit dans cette sainte maison, luy donna de l'amour pour la Solitude. Il crût donc que Dieu l'appeloit à estre Chartreux, & comme il y poursuivoit une place, & mesme aprés qu'on la luy eût promise, il se confessa à M. le Penitencier, qui luy ayant demandé quel dessein il avoit, & ce Frere luy ayant répondu qu'il vouloit estre Chartreux, il se sentit interieurement excité à luy offrir une

Cellule au Mont-Valérien pour y mener une vie solitaire.

Le Frere Iean découvrit au Curé auec lequel il demeuroit cet-te proposition, ce Curé luy demanda du tems pour examiner si cela venoit de Dieu, & il eut tant d'éclaircissement sur ce poinct, qu'encore qu'il eût esté auparavant fort opposé à ce dessein, & qu'il n'approuvast qu'avec peine qu'on s'engageast dans cette sorte de vie, il luy dit que Dieu l'appelloit sur le Mont-Valérien, & qu'il y falloit aller pour accomplir sa volonté. Feu M. le Penitencier luy dit aussi en l'y envoyant qu'il estoit poussé d'un autre esprit que de coûtume, que Dieu le vouloit là assurément, & qu'il n'avoit iamais accordé une place en ce lieu-là à personne avec tant de joye ny avec tant de facilité qu'à luy.

Le Frere Iean ne fut pas plustost sur la Montagne & n'eut pas plustost pris l'habit qu'il commença à pratiquer avec le plus d'éxactitude qu'il pût sa Regle, & à édifier ses Freres par ses exemples; car n'ayant point voulu manger de viande comme la Regle l'ordonne, deux autres Hermites n'en mangérent plus aussi : & le Frere Nicolas qui est le Réclus, dit en s'enfermant dans sa Cellule, qu'aprés Dieu, il tenoit son salut de ce Frere & de ces bons exemples. Il y a encore des personnes qui pourront rendre témoignage de ce fait.

Voilà de quelle maniere le Frere Iean Bénard a esté conduit sur le Mont-Valérien, & voilà ce qui a donné lieu aux Iacobins de luy reprocher, qu'il *devoit apprendre vn meslier en cessant d'estre Laquais*, comme s'il eût eû besoin d'un meslier, ayant l'appuy & l'assistance de son oncle qui le vouloit pousser dans la marchandise; ou comme si c'estoit estre Laquais que d'estre chez un Curé de Paris, d'y estre consideré & aimé comme il estoit, & d'y avoir toutes choses en sa disposition.

Mais si ce reproche est contraire à la verité, il ne l'est pas moins à l'esprit de la pieté Chrestienne qui ne reconnoist de servitude honteuse que celle du peché, & qui a appris de saint Paul [a] que Dieu ne fait point de difference entre l'esclave & le libre, qu'il distribuë ses graces sans considerer ny sexe, ny nation, ny qualité, & que le chemin de la perfection est ouvert indifferemment à toutes sortes de personnes. Il est sans doute que si les Iacobins se fussent emparez du Mont-Carmel au temps d'Elizée, comme ils ont fait en celuy-cy, du Mont-Valerien, ils en eussent chassé ce Prophete; & luy eussent reproché qu'il avoit esté Laquais, parce qu'il avoit esté serviteur d'Elie. Et ne sembleroit-il pas qu'on

a *Gal.* 3. 28.

faſſe preuve de Nobleſſe pour entrer chez eux, tant ils trouvent une *condition baſſe & ſervile* diſproportionnée à l'eſtat de la vie Religieuſe & Heremitique?

2. On ne répond rien en particulier au reproche qu'ils luy font *de mener une vie ſcandaleuſe & libertine qu'il cache dans la multitude & dans le bruit & d'avoir une ambition effective qu'il cache ſous un air ſimple & compoſé.* Ces reproches ſe détruiſent d'eux-meſmes ; car ſi ſa vie eſt ſcandaleuſe, elle ne peut eſtre cachée dans la multitude, ou ſi elle eſt cachée dans la multitude, elle n'eſt pas ſcandaleuſe, puis que le ſcandale conſiſte dans le mauvais exemple que l'on donne au prochain par des actions publiques & déreglées, qui luy ſont connuës, & qui l'engagent dans le mal : Et n'eſt-il pas ridicule de l'accuſer *d'ambition* aprés luy avoir fait porter du plaſtre trois lignes auparavant, & luy avoir fait ſervir de *Manœuvre à des Maçons.*

3. Pour ce qui eſt des inſultes & des mauvais traitemens qu'il a faits ſur la Montagne à tous ſes Freres, les Iacobins nomment ſix Hermites qu'ils prétendent avoir eſté mal-traitez par luy, ſans en r'apporter aucune preuve particuliére. De ces ſix Hermites il y en a trois de morts, & dont par conſequent il n'eſt pas à propos de parler dauantage ; ayant meſme aſſez declaré dans le premier Factum [a] ce qui obligea le féu Pere de la Font Hermite de ſe retirer à Baville. Et à l'égard des vivans qui ſont le Frere Reclus, le Frere Hilarion, & le Frere Firmin,

ſi le Reclus avoit eſté le principal objet des perſecutions du F. Iean Bénard, & ſi ſa cloſture ne l'avoit pû garantir de ſes outrages & de ſes excés, [b] ne s'en feroit-il point plaint dans la dépoſition qu'il a faite devant M. Bénard-Rezé, où l'on voit bien qu'il a dit tout ce qu'il a pû contre les Preſtres & les Hermites, pour favoriſer les Iacobins, ſans pourtant dire un ſeul mot de *ces perſecutions, de ces outrages & de ces excés,* dont ce ſeul ſilence fait aſſez voir la fauſſeté ?

Pour ce qui eſt du Frere Hilarion, on a en main un Acte écrit & ſigné de ſa propre main, par lequel *il declare que ſon peu de ſanté l'a obligé de quitter le Mont Valérien, & qu'il n'a aucune plainte à faire côtre les Hermites dudit lieu.* Cette declaration eſt dattée du 22. Avril 1664. & ainſi elle eſt poſterieure au Factum des Iacobins, & prouve clairement qu'ils n'ont pû ſans une impoſture manifeſte accuſer le F. Iean Bénard d'avoir forcé ce Frere d'abandonner ſa Cellule, puis qu'il declare luy-meſme expreſſément que c'eſt ſa

ſanté

[a] *pag.* 34. & 35.

[b] *Fact. des Iacobins, pag.* 62. l. 14.

santé qui l'a obligé de la quitter, & qu'il n'a aucune plainte à faire contre le F. Iean Bénard, ny contre ses autres Freres.

Il ne reste plus que la *fausse accusation* que les Iacobins luy reprochent *d'avoir supposée au F. Firmin.* Mais la bonne intelligence qui a tousiours esté entre ces deux Hermites, & le choix mesme que le F. Firmin a fait de luy, aussi bien que tous ses autres Freres, pour s'opposer à l'usurpation des Iacobins, dans la Procuration qu'ils luy en ont donnée, le justifie assez. Le F. Iean ne s'est point *emparé de sa Cellule* : mais M. le Penitencier l'a obligé de la quitter & d'en prendre une autre, parce que celle qu'il avoit estoit vtile pour un dessein qui regardoit le bien de la Communauté, & les Iacobins ne sçauroient prouver que le F. Iean ait iamais demeuré dans cette Cellule, ny qu'il ait fait mettre le F. Firmin dans les prisons de l'Officialité.

4. Quant à la division prétenduë que le F. Iean Bénard a mise entre M. le Royer & les autres Prestres du Calvaire, ce reproche luy est tres-glorieux, aprés le jugement qui a esté porté contre M. le Royer par M. l'Official : & il est bien estonnant que les Iacobins traittent de *médisances atroces* des faits prouvez & iustifiez par plus de 60. témoins , & dont ils ont tant pris de peine eux mesmes de faire la preuve par les informations qui ont esté faites par M. Bénard Rezé. Supposé donc que les Iacobins pussent prouver que c'est ce Frere *qui a divisé M. Baillu d'avec M. le Royer;* & que c'est luy *qui a suscité MM. de l'Estang & le Feron à le pousser* comme ils ont fait ; ce seroit la plus forte preuve qu'on pust avoir de la pieté de cét Hermite, & du zele avec lequel il a travaillé à esloigner de la Montagne le seul qui y causoit du trouble & du scandale.

Voyez la page 11. & 12. &c.

On ne dit rien icy de cette resistance ouverte à l'Arrest du Conseil, On en a desia fait voir la fausseté dans le premier Factum, & on la fera voir encore plus clairement dans la justification de tous les faits que l'on y a avancez. Ce reproche doit estre mis au nombre des calomnies qu'il a plû à ces bons Peres de semer dans Paris de tems en tems contre cét Hermite ; afin de le rendre odieux à tout le monde.

a pag. 15. 16. & sum.

C'est ainsi que quelques personnes de qualité s'estant retirées par pieté dans sa Cellule pour y passer les restes de la Toussaints de l'année 1662. ils firent entendre aux uns qu'il retiroit chez luy des personnes suspectes, & aux autres qu'il receuoit des gens de mauvaise vie ; se mettant peu en peine de qui ils parloient avec

L

tant de liberté & d'une maniere si desavantageuse, ny si c'estoit de M. d'Argençon Conseiller d'Estat, & M. Prasron, qui s'estoient retirez par devotion chez cét Hermite ces iours-là, qu'ils parloient de la sorte ; pourveu qu'ils fissent passer le F. Iean dans l'esprit des uns pour une personne d'intrigue & de cabale, & dans l'esprit des autres pour un Religieux de mauvaise vie.

5. Tout ce que les Iacobins ont donc reproché à ce bon Frere avec quelque apparance de fondement, c'est sa demeure à Paris.

Mais ce reproche ne peut retōber que sur eux & les couvrir de confusion ; puis que ce sont eux qui l'ont chassé de sa Cellule ; qu'il ne demeure à Paris que pour s'opposer à leur usurpation, & qu'il leur peut faire avec beaucoup de justice la réponse que S. Afráates fit autresfois à l'Empereur Valens Arrien, lequel jugeant assez ce qui avoit obligé cét illustre Solitaire à venir dans la Ville d'Antioche, prés laquelle il demeuroit en solitude, ne laissa pas de luy dire *qu'il s'estonnoit comme estant Solitaire, il quittoit son silance & son repos pour venir dans le tumulte des Villes* : à quoy ce Saint repliqua généreusement, *qu'une fille mesme quelque retirée qu'elle fût dans la maison de son pere, en sortiroit si elle y voyoit le feu, & feroit tout ce qu'elle pourroit pour s'efforcer de l'esteindre ; que luy qui luy parloit faisoit le mesme, & que si sa Majesté Imperialle le reprenoit de ce qu'il avoit quitté sa solitude, elle devoit bien plustost se reprendre elle mesme de ce qu'elle avoit mis le feu dans la maison du Seigneur, & non pas reprendre ceux qui comme luy taschoient de l'éteindre.*

Theodoret Philot. cap. 8.

Deffense du Frere Iean Gromet, dit le grand Frere Iean.

Comme la vengeance est une passion cruelle, injuste, malicieuse & traistresse, il ne faut pas s'estonner que celle que les Iacobins ont exercée contre ce Frere *a* porte tous ces caracteres. On ne trouve point de termes assez forts pour représenter icy l'excés de la calónie qu'ils ont inventée contre luy. Tout ce qu'on en peut dire, c'est qu'elle est le dernier rafinement de ce *zele amer,* & de cette *sagesse terrestre, animale, & diabolique,* dont parle saint Iacques, & que c'est une imposture trop visible, & une effronterie trop impudente pour paroistre en justice & dans un procés criminel, sans chastiment.

a pag. 63. & 64

Iac. 3. 15.

Car enfin que peut-on concevoir de plus méchant & de plus artificieux, que de ne rien marquer en particulier de ce peché dont on l'accuse afin de le faire soupçonner de tous les crimes imaginables ? de n'expliquer point quel est ce prétendu naufrage qu'il a fait, afin que les Lecteurs se representent toutes les voyes les plus honteuses, par lesquelles l'innocence peut perir, & de demeurer malicieusement dans une obscurité affectée afin de faire croire qu'il y a bien du mystere & de la verité, mais en effet afin de s'exempter de prouver ce qu'on avance faussement, & d'imiter pour me servir des termes de l'Ecriture, le serpent, qui porte sourdement & sans bruit son venin dans les playes qu'il fait au corps ? *Si mordeat serpens in silentio, nihilominus qui occulté detrahit.* *Eccl. 10.11.*

Mais quelque silence que les Iacobins ayent affecté afin de faire couler plus subtilement & plus promptement dans les cœurs le venin dont leur langue est remplie, *plena veneno mortifero*, ils *Iac. 3. 8.* en ont pourtant assez dit pour les confondre par leurs propres paroles, & pour dissipper le nüage dont ils ont voulu obscurcir l'innocence de cét Hermite. Car encore qu'on ne puisse deviner ce qui leur a donné lieu de luy faire ce reproche, les circonstances neantmoins qu'ils marquent de ce prétendu peché, sont des preuves si convaincantes de leur imposture, qu'on ne peut les attribuër qu'à une justice toute visible de Dieu qui a permis qu'ils se soient aveuglez eux-mesmes en l'accusant, afin qu'on le pust justifier par leurs propres paroles.

En effet, peut-on desirer vne plus grande marque de son innocence, que de ce qu'il a accepté dans Paris la demeure que M. de la Font luy a offerte & à son autre Frere, si prés du Collége de Bayeux ; & ne s'en seroit-il pas éloigné, si sa conscience luy eust reproché d'y avoir commis le moindre crime ?

Mais sans s'arrester à ces vray-semblances & à ces conjectures, qui sont tres-fortes : On a en main vn Certificat signé de M. Gendry Bachelier en Theologie, & Principal du College de Bayeux, de M. Coeffeteau Prestre, qui estoit frére du fameux Evesque de Marseille, & qui habitoit depuis vn fort long-temps dans ce mesme Collége, & de M. du Perray le plus ancien Prestre du mesme Collège, qui prouve invinciblement la fausseté & la supposition de ce pretendu *naufrage*, que le F. Iean Gromet a fait dans le Collége de Bayeux, car ces trois Ecclesiastiques certifient & attestent dans cét Ecrit, que *Pierre Iuif ancien Portier du dit Collège, chez lequel le grand Frere Iean s'est tousiours retiré dans Bayeux lors qu'il est venu à Paris, a logé charitablement depuis plus de vingt-cinq ans, mesme pour estre plus retirez, selon l'aveu de M. le Penitencier Charton, les Peres & Freres Hermites du Mont-Valérien, lors que leurs affaires les ont obligez de venir passer quelques iours à Paris, lesquels Hermites ont toûjours vescu, sans qu'on ait sujet des'en plaindre.*

Ce témoignage est d'autant plus considérable, que c'est sur ce Certificat que MM. les Vicaires Généraux de M. le Cardinal de Retz ont donné vne permission générale à Pierre Iuif, de recevoir & de loger chez luy tous les Hermites. De sorte que cette maison doit estre considerée comme vne Hospice, où les Solitaires se retiroient par l'ordre de l'Archevesque, lors qu'ils venoient à Paris, & où il y a plus de 30. ans que ceux du Mont-Valérien ont demeuré, sans que iamais il y ait eû le moindre suiet de se plaindre d'eux.

Cependant c'est dans cette mesme maison que les Iacobins supposent que le grand F. Iean a fait ce pretendu *naufrage*, & c'est contre le témoignage de trois Ecclèsiastiques, qui ont tousiours esté dans le College, & qui attestent que *depuis plus de vingt-cinq ans aucun Hermite n'y a donné le moindre sujet de se plaindre de luy,* qu'ils osent produire une si horrible calomnie.

Ce n'estoit donc pas assez pour ces Religieux d'avoir chassé les Hermites du Mont-Valérien, ils ont encore voulu perdre & ruiner la reputation de ceux qui les ont receus charitablement à Paris, & changer une maison qui leur a seruy d'azile, & où ils se sont retirez, avec l'approbation de leurs Superieurs, depuis tant de temps, en vne maison de scandale, & dans laquelle ils ont *fait miserablement naufrage. Itane sub vestimentis ouium non quidem lupi rapaces, sed pulices mordaces; imò tineæ demolientes bonorum vitam, quia palam non audent, in occulto corrodunt, nec saltem clamorem invectionis, sed susurrum detractionis emittunt?*

S. Bernard. Apolog. de vit. & morib. Relig. c. l. n. l.

Pour ce qui est de cette *histoire* prétenduë de *Suresnes* qu'on fait exactement, & dont on n'oseroit pourtant rien rapporter, bien loin que cette accusation vague puisse engager au silence cet Hermite: il défie au contraire les Iacobins de produire aucun témoin digne de foy qui dépose contre luy, quoy que ce soit; Et il y a encore plusieurs personnes dans ce lieu qui l'ont connu dés son bas âge, qui rendront toûjours témoignage en sa faveur, & qui répondront à ceux qui voudront s'enquerir de sa personne, des choses chofes que fon humilité ne luy permet pas de découvrir, & dont il reconnoift que la gloire n'eft deuë qu'à Dieu feul.

Diffenfe du F. Firmin Chaffenau

LEs Iacobins qui ont tant de refpect pour M. le Royer, qu'ils n'ont laiffé paffer aucune occafion de deffendre tout ce qu'il a fait, & *qu'ils veulent ᵃ qu'on prefume encore pour fon innocence*, aprés vn Arreft & vne Sentence contradictoire renduë contre luy, devoient parler avec plus de retenuë d'vn *Hermite*, que ce M. le Royer a reconnu publiquement ᵇ pour le *plus faint qui ait efté depuis long-temps*. Ce n'eft pas à la verité qu'ils ne l'ayent vn peu plus ménagé que fes autres Fréres, puis qu'ils fe font contentez de l'accufer d'avarice, & de tourner en raillerie ᶜ les paroles de l'Ecriture Sainte, & de S. Bernard, pour faire croire que l'affiduité qu'il a au travail, felon qu'il y eft obligé par fa Regle & par fon Eftat, ne vient que de l'amour qu'il a pour les richeffes.

Ce meflange d'impieté & de calomnie eft appuyé, ᵈ 1. Sur ce que le *F. Firmin cultive infatigablement fes terres & fes vignes*, & fur ce qu'*aprés avoir imité en cela S. Paul, qui travailloit de fes propres mains, il vend le vin qu'il en a recüeilly*; comme fi ce Frere n'imitoit pas mefme en cela ce grand Apoftre ; & fi S. Paul qui travailloit exprés ᵉ afin d'ofter toutes fortes de prétextes aux Ennemis de l'Evangile de l'accufer qu'il eftoit intereffé en fa Prédication, & qu'il en faifoit vn commerce, n'avoit pas vendu pour vivre *les Tentes & les Pavillons* qu'il faifoit, fans craindre qu'on le puft foupçonner de le faire par avarice, côme les Iacobins accufent cét Hermite de vendre fon vin, par l'attachement qu'il a aux richeffes.

2. Ils appuyent cette calomnie & cette impieté, fur ce que, *de l'argent qu'il retire* de cette vente, il en fait, difentils,ᶠ des acquifitions en terres & en rentes, ce qu'ils iuftifient par vn grand nombre de contracts qu'ils racontent, fans ofer marquer ce qu'ils portent, parce que cela ruineroit entierement les richeffes immenfes qu'ils veulent faire croire qu'il a amaffées. En effet, ils ne fçauroient monftrer que tous ces contracts, toutes ces promeffes, & toutes ces obligations montent à plus de cinquante-huit liures, tant bien que mal affurées; & il n'en faut point d'autres preuves que leur filence, puifque fi ces contracts euffent efté de fommes plus confidérables qu'ils ne font en effet, ils n'auroient iamais manqué de les fpecifier en particulier ; ce qu'ils

M

a *pag.* 84. *l.* 33.

b *Dans vn Ecrit qui a pour titre, Refponfe à vn Libelle diffamatoire, pag.* 1. *l.* 35.
c *Fact. des Iacob. pag.* 64. *&* 65.

d *Paroles des Iac. pag.* 64. *l.* 19.

e 1. *Cor.* 9. 11.

f *pag.* 84.

n'ont ofé faire, parce que cela n'auroit pú tourner qu'à leur confufion, & qu'il n'eft pas eftonnant que ce bon Hermite ayant cultivé *infatigablement* felon eux, l'efpace de plus de quarante ans,
fes terres & fes vignes, & ayant vefcu fort fobrement, ait fait pour
cinquante-huit liures d'acquifitions.

Aprés tout ces *terres* & ces *vignes*, que le Frere Firmin cultive
infatigablement, & dont les Iacobins font tant de bruit, fe reduifent à vn quartier ou enuiron, lequel eft enfermé dans le clos, &
duquel il ne retire quelquefois qu'vn demy-muid de vin : & il y
a d'autant plus d'injuftice dans ce reproche, que cét Hermite eft
obligé par fa Regle & par fon eftat de viure du travail de fes
mains, & que fa Regle le met à couvert de cette *avarice* prétendüe, puifqu'elle ne luy permet, ny à fes autres freres, de difpofer
que de leurs Livres, & que toutes les autres chofes qu'ils poffedent
pendant leur vie, doivent *demeurer aprés leur decés à l'Hermitage, &*
y eftre fidelement confervées pour leurs fuccefeurs.

De la fuppofition de la donation prétendüe de M. le Cardinal de Retz.

a *pag.*40. 41. &
41.

C'Eft en vain que les Iacobins font [a] un crime aux Preftres &
aux Hermites d'avoir accufé de fuppofition & de fauffeté la
donation de M. le Cardinal de R ets, & qu'ils leurs reprochent d'a-
voir, par un attentat côtre fon autorité, changé de conduite à cét
égard, puis qu'outre que tout le monde peut remarquer dans leur
Factum qu'ils fe font attachez particulieremét aux moyés qui en

b *pag.* 43. *fur*
la fin.

font voir l'abus & la nullité, ils n'ont déclaré [b] qu'ils la croyoient
fuppofée, que parce que le profond refpect qu'ils ont pour fon
Eminence, ne leur permettoit pas de la croire capable de cette
facilité honteufe & de cette injuftice précipitée avec laquelle on
fuppofe dans ces Lettres, que M. le Cardinal de Rets difpofe du
bien des Preftres & des Hermites, en faveur des Iacobins.

Ces Religieux fe trompent tres-lourdement, s'ils s'imaginent
beaucoup honorer M. le Cardinal de Retz en foûtenant que ces
Lettres toutes abufives qu'elles font partent de fon Eminence.
Les Preftres & les Hermites ont bien d'autres fentimens de fon
équité & de fa juftice, & de la véneration qui eft deüe en général à tout l'Ordre facré des Evefques.

Ils ont appris des Papes, & des plus grands Prélats de l'Anti-
quité, que c'eft bleffer le refpect qui leur eft dû, que d'ajoufter foy

à des Lettres qui viennent de leur part lors qu'elles se trouvent contraires à la disposition des Canons & aux Regles de l'Eglise.

Ils sçavent que les Evesques doivent avoir une prudence & une circonspection, qui soit comme l'œil & la lumiere de toutes leurs actions ; & que tout ce qui ne porte point le caractére de discretion & de justice, ne part point de cette autorité legitime qu'ils ont reçuë de Iesus-Christ.

Ils sçavent qu'entre tous les vices opposez à cette prudence, & à cette justice Episcopale, il n'y en a point qui luy soit plus contraire que la facilité à croire le mal qu'on dit des autres sur de faux rapports ; & qu'il est d'une obligation indispensable à tous ceux qui sont appellez au gouvernement de l'Eglise, de ne se laisser prévenir en aucune sorte, d'écouter tout, d'examiner tout, & de ne condamner jamais que selon les loix & les formes Canoniques, & aprés avoir donné à l'accusé une pleine liberté de se deffendre.

Enfin ils sçavent que les Pasteurs de l'Eglise doivent imiter dans leurs jugemens la conduite de Dieu mesme, qui, selon la *a Mor. lib. 9. c. 14* remarque de saint Gregoire le Grand, *a encore que tout luy soit descouvert, & qu'il n'y ait rien de si obscur & de si caché qui se puisse dérober à la lumiere de ses yeux.... ne se voulut point contenter de ce qu'il avoit entendu pour punir Sodome de ses crimes abominables,* Gen. 18. v. 20. *mais voicy ce qu'il dit auant qu'il la juge. Les cris de Sodome & de Gomorre se multiplient & leur peché est monté iusques à son comble. Ie descendray sur les lieux pour voir si leurs œuvres sont telles qu'est ce bruit qui vient iusques à moy, afin que ie le sçache.*

C'est sur ces principes que les Prestres & les Hermites ont avancé que ces Lettres prétenduës ne partoient point d'un successeur des Apôtres, ny d'une personne qui tient icy bas la place de I. C.

C'est suivant ces maximes qu'ils ont crû, que si leurs prétendus crimes avoient monté iusques à M. le Cardinal de Retz, il n'auroit point dédaigné de descendre iusques à eux : ou du moins de commettre, selon les Canons, des personnes sur les lieux pour voir si leurs œuvres estoient telles qu'estoit le bruit, qui en estoit allé iusques à luy.

Ils n'ont pas crû qu'il leur fût permis de rejetter sur son Eminence la cause de tous les maux que ces Lettres prétenduës leur faisoient souffrir. Ils ont mieux aimé croire qu'on a surpris sa signature, & qu'on s'est servy d'un blanc signé, comme ils sçavent qu'on a fait en d'autres rencontres, pendant son éloignement, que de luy attribuër une conduite si injuste & si irréguliere. Enfin ils ont regardé le moyen de supposition, qu'on leur reproche si injustement, comme le voîle le plus propre à couvrir ce qu'il y auroit de honteux & d'indigne de son Eminence dans cette donation qu'on luy attribuë.

Qu'on ne dise donc point qu'on *accuse ces lettres de supposition & de fausseté, pour cacher sous ce pretexte grossier vn tas d'iniures qu'on dit à M. le Cardinal de Retz,* puisqu il n'y a rien qui luy soit plus injurieux, que les prétentions des Iacobins ; & que ce ne sont pas les Prestres ny les Hermites qui l'accusent d'avoir consenty à vn traitté qu'on auroit de la peine à purger de simonie ; d'avoir peché contre la générosité, le jugement & le zele ; enfin d'avoir partagé avec les Iacobins vn infame butin, & profité de la dépouïlle du Calvaire, de la maniere du monde la plus lâche & la plus indigne : mais que ce sont les Iacobins qui luy imputent toutes ces choses, en voulant autoriser de son nom & de son autorité leur vsurpation.

a Fatt. des Iacob. tom. 42. l. 14. & 15.

Car enfin quelque *illustre* [a] que soit ce grand Cardinal *par sa suffisance & par sa vertu,* quelque *Eminent* qu'il soit *par sa naissance & par sa dignité,* Les Iacobins ne sçauroient faire que ce ne soit vne simonie tres-honteuse d'acheter le titre & l'honneur de Fondateur d'vne maison Religieuse, aux despens de deux autres Communautez, & de disposer sans aucune forme de procés du bien des Prestres & des Hermites, qui luy sont soûmis.

b Fatt. des Iacobins, pag. 48. l. 13.

Il ne faut point d'autres *circonstances* [b] *pour rendre plausible & vray-semblable* la fausseté de ces lettres. C'est assez pour présumer que M. le Cardinal de Retz ne les a point faites, que de faire voir, comme on a fait dans le Factum, [c] qu'il ne l'a dû & qu'il ne l'a pû faire : Et son Eminence ne sçauroit trouver mauvais que les Prestres & les Hermites deffendent ses intérests & son honneur avec tant de courage, puis qu il eut la bonté de témoigner au F. Iean Bénard, dans le voyage de Commercy, dont les Iacobins parlent dans leur Ecrit, [d] qu'il seroit bien aise qu on en poursuiuist la cassation au Parlement, & qu'on y remist toutes choses en leur premier Estat.

c Fatt. des Prestres & des Hermites, pag. 44. & 45.

d Pag. 41. 43.

e S. Robert Euesque de Lincolne en Angleterre.

En effet, son Eminence est trop équitable pour ne pas blasmer l'entreprise des Iacobins, & n'approuver pas que les Prestres & les Hermites imitent à son égard la générosité d'vn grand Evesque d'Angleterre, [e] qui estant frappé de l'abus des clauses dérogatoires

gatoires aux Canons qui commençojent alors, bien loin de témoigner du respect pour des Decrets Apostoliques qui contenoient cette clause, déclara nettement au contraire au Pape Innocent IV. que *le devoir de son obeyssance filiale envers le S. Siege l'obli-
geoit de ne point obeyr en cette rencontre, mais de contredire & de resister.*
Et ils ont la consolation de pouvoir répondre avec ce grand homme au reproche que les Iacobins leur font d'estre arrivez par cette résistance *au dernier terme de l'impieté & de l'irreligion*, que leur
contradiction & leur résistance, n'est pas tant vne contradiction
& vne résistance, qu'vne action d'honneur & de respect, que le
Commandement de Dieu les oblige de rendre à leur pere, *quia
omnis nostra in hac parte & contradictio & actio, nec contradictio est,* a Matt Paris in
nec rebellio, sed filialis divino mandato debita patri honoratio. Histor. Anglic.
lib. 3.

De l'abus & de la nullité de la donation prétenduë de M. le Cardinal de Retz, à l'égard des Prestres du Calvaire.

CE n'est pas assez d'avoir fait voir que les Iacobins ne peuvent soûtenir, comme ils font, la verité de la donation prétenduë de M. le Cardinal de Retz, sans blesser le respect qu'ils
luy doivent & faire rejallir sur son Eminence la honte & la confusion de leur injuste entreprise, il faut encore achever de ruiner la
validité de cette donation prétenduë, en prouvant clairement
que tout ce que les Iacobins apportent dans ce nouvel Ecrit pour
l'appuyer, ne sert qu'à fortifier les moyens qu'on a employez
dans le Factum des Prestres & des Hermites b pour en faire voir b Depuis la page
l'abus & la nullité.   38. jusques à la
                                                                     46.

Il est vray qu'on pourroit avec raison se dispenser de répondre
aux moyens qu'ils alleguent dans leur écrit, puis qu'ils sont tous
appüiez sur cette fausse supposition que les maisōs des Prestres &
des Hermites du Calvaire sont des Bénéfices, dont l'Evesque a pû
disposer en faveur de qui il luy a plû, & qu'il a pû unir à la maison des Iacobins. Car outre que les Iacobins ne demeureront jamais d'accord que leur maison soit un Bénéfice, auquel l'Evesque puisse pourvoir, & qu'il puisse unir à un autre Benefice quand
il luy plaira, il est ridicule de regarder des biens qui appartiennent en propre aux Prestres & aux Hermites du Mont-Valerien
comme des biens purement Ecclésiastiques, dont les Titulaires
n'ont que l'usufruit & ne sont point proprietaires, & on ne les

N

peut regarder en cette qualité que parce qu'ils font en effet la *fubftance* de plufieurs pauvres Eccléfiaftiques & de plufieurs pauvres Hermites que les Iacobins ont dépoüillez de tout ce qu'ils poffedoient.

Mais puis que c'eft fur ce fondement ruineux qu'ils ont trouvé bon d'appuyer toutes leurs prétentions, & qu'ils établiffent uniquement la validité de cette donation prétenduë, fur ce qu'on a obfervé dans ces Lettres d'union toutes les formes defirées par les Canons, il faut faire voir, 1. que pas une de ces formes n'y a efté gardée, & 2. que quand elles l'auroient efté toutes, cette donation prétenduë ne laifferoit pas toufiours d'eftre nulle & abufive pour les raifons que les Preftres & les Hermites ont alleguées dans leur Factum.

Que toutes les formes néceffaires à la validité de l'vnion font violées dans cette donation prétenduë.

TOus ceux qui ont traité des formes néceffaires pour rendre une union légitime demeurent d'accord qu'il ne fuffit pas que l'union foit faite par une perfonne qui en ait le pouvoir, & que les caufes en foient légitimes, mais encore qu'il faut commettre des Iuges fur les lieux pour éxaminer ces caufes, informer de la valeur des Bénéfices, ouyr ceux qui doivent eftre appellez, éxaminer ce qui peut retarder & empefcher l'union, & dreffer des procés verbaux de toutes ces chofes.

Les Iacobins demeurent auffi d'accord dans leur Ecrit de quelques-unes de ces formalitez, mais ils en ont ignoré, ou diffimulé malicieufement les plus confiderables, quoy qu'elles foient toutes d'une obligation fi indifpenfables, que la moindre, qui y manque, rend l'union nulle & abufive, fans que le tems quelque long & immemorial qu'il puiffe eftre, en couvre le deffaut.

On n'a commis perfonne,

Quand donc M. le Cardinal de Retz auroit pû accorder ces Lettres d'union, & quand l'union auroit efté faite avec caufe, il fuffit qu'eftant abfent de fon Diocefe depuis plufieurs années & dans un pays eftranger, il ne l'ait pû faire qu'en commettant fur les lieux des perfonnes qui euffent informé de la verité des chofes qu'on luy avoit expofées, qui euffent appellé & entendu les perfonnes intereffées, & qui euffent dreffé les procés verbaux & éxaminé tout ce qui auroit pû retarder & empefcher cette union prétenduë.

Or c'eſt ce que M. le Cardinal de Retz n'a point fait , & c'eſt ce qu'il a eſté trés-éloigné de faire , puis que meſme il deffend dans ces Lettres prétenduës à tous ceux qui ſont ſous ſa Iuriſdiction d'oſer aller au contraire de cette union , & qu'il ordonne à MM. les Vicaires Généraux & à tous les Officiers de l'Archeveſché de l'éxécuter ſans aucune autre forme de Iuſtice , & ſans aucun retardement. *a*

Yeut-il jamais de clauſes plus viſiblement abuſives que celles-là ? & peut-on plus ouvertement violer toutes les Regles preſcrites par les Canons & receuës de tout tems dans l'Egliſe de France, laquelle a toûjours rejetté les unions faites ſans connoiſſance de cauſe, & laquelle demeure inviolablement attachée aux formes marquées dans le Concile de Conſtance, où Martin V. proteſta de révoquer toutes les donations faites par Gregoire XI. parce qu'elles *n'avoient pû ſe faire au préjudice des parties intereſſées & ſans des cauſes trés légitimes & trés-véritables.* Car c'eſt ſur ce fondement qu'eſt appuyée la neceſſité de commettre des perſonnes ſur les lieux, lors que celuy qui prononce & qui fulmine l'union en eſt eſloigné; puis que la verité des cauſes de l'union ne peut eſtre conſtante que par une éxacte recherche & par une ſérieuſe information, que le Supérieur ne pouvant pas faire par luy meſme à cauſe de ſon éloignement, doit faire faire, ſelon l'uſage conſtant du Royaume par des perſonnes Eccléſiaſtiques, qualifiées, & qui réſident dans le Diocéze & dans le réſſort du Parlement, où les lieux que l'on veut vnir ſont ſituez.

Où ſont les perſonnes que M. le Cardinal de Retz a commiſes pour procéder à cette vnion? Où ſont les Procés verbaux qui ont eſté dreſſez par ſon ordre ? Où ſont les informations que l'on a faites avant que d'y proceder ? Quelles des perſonnes intereſſées ont eſté appellées & entendües? On n'a obſervé aucune de ces formes , & bien loin de les avoir gardées, jugeant bien qu'elles ruineroient toutes les prétentions des Iacobins, on a pris ſes précautions au contraire, & l'on a fait deffenſe *ſous peine de deſobeiſ-ſance, ſub inobedientiæ pœnis,* a toutes les perſonnes que l'on pouvoit , & dont on devoit commettre quelques-vnes ſur les lieux, d'en prendre connoiſſance. Et aprés avoir ainſi violé toutes les Regles, on oſera faire paſſer pour legitime vne vnion auſſi eſtrange & auſſi abuſive que celle-là?

Mais ſi le deffaut de ces formes ſi eſſentielles à l'vnion, rend celle-cy entierement nulle & abuſive, le deffaut des autres ſu-

lemnitez que les Iacobins mefme reconnoiffent dans leur écrit eftre necceffaires, ne la rendent pas moins infouftenable.

La principale & la plus confiderable des formes defirées par les Canons, **eft**, difent-ils, *que l'vnion foit faite avec cause,* c'eft á dire qu'il y ait vne *necefité* abfolüe, & vne *vtilité* toute évidente. Car c'eft á ces deux points que fe rapportent toutes les caufes légitimes de l'vnion. Et par confequent, s'il n'y a point eû de neceffité d'vnir la maifon du Calvaire à celle de S. Honoré, & qu'on n'ait point pû fe propofer d'vtilité Canonique dans cette vnion, elle eft abfolument nulle & abufive, felon les principes des Iacobins, qui font appuyez fur cette maxime du Droict Canon qui eft tres-conftante, *quis enim dubitet irritanda quæ nec Ecclefiaftica vtilitas, nec vlla extorfit necefsitas?* Or il eft facile de faire voir, que quand les faits fur lefquels les Iacobins appuyent cette *necefsité* & cette *vtilité* prétendüe, & qui regardent tous les déréglements prétendus des Preftres du Calvaire, & le mauvais eftat & la modicité du revenu de la Congrégation, ne feroient pas entierement faux, comme on l'a defia fait voir auparavant, il n'y avoit pourtant aucune *necefsité* de faire cette vnion, & que l'Eglife, ny la Congrégation n'en fçauroient tirer aucune *vtilité.*

Il n'y avoit point de *necefsité,* parce que felon les Iacobins, cette neceffité refulte de ce que *si l'on euft attendu plus long-temps, la Congrégation du Calvaire euft efté entierement éteinte & abolie;* car felon ce principe, pour montrer qu'il y a eû vne *necefsité* abfolüe d'vnir la maifon du Calvaire à la Communauté des Iacobins ; il faudroit faire voir que cette vnion empefche que *la Congrégation ne foit entierement éteinte & abolie.* Cependant, tout au contraire, il eft conftant que cette vnion détruit entierement la Congrégation du Calvaire ; puis qu'elle en renverfe tous fes Statuts ; qu'elle fubftitüe des Religieux en la place des Preftres qui la doivent compofer ; en vn mot, qu'elle va à l'entiere extinction d'vne Communauté que feu M. l'Archevefque de Paris, & le feu Roy de glorieufe mémoire ont iugée vtile au bien de l'Eglife, & à la gloire de l'Eftat ; & par confequent cette *necefsité* prétendüe eft entierement nulle & abufive.

Pour ce qui eft de *l'vtilité,* on a fait voir fi clairement dans le factum des Preftres & des Hermites, *que cette vnion eftoit contraire aux interefts de toute l'Eglife, que les Iacobins ont efté forcez de recourir à l'vtilité particuliere de la Congrégation du Calvaire, *qui refulte,* difent-ils, *de la quantité des debtes qu'elle*
ayoit

Point de necef-
fité de l'vnion.
a pag. 44. l. 17.

h C. Et fi illa.
Cauf. 1. quæft. 7.

c pag. 44. l. 28.

Point d'vtilité.
d pag. 41. & 42.

e pag. 48.

avoit contractées, & *de la modicité de son revenu.* Mais à l'égard des debtes, n'est-ce pas vne chose honteuse aux Iacobins, qui font profession de pauvreté, de prétendre qu'on ait dû vnir à leur Communauté vne maison, qui est si fort oberrée; & qu'il n'y ait que ces Peres, qui vivent d'aumosnes, qui soient assez puissans & assez riches pour les aquitter? Outre qu'il est sans exemple qu'on ait vny vn Benefice ruiné à vne maison qui ne subsiste que par les aumosnes & les libéralitez des Fidelles; & que le Chap. *exposui-* ²pag. 48. l. 24. *sti* dont les Iacobins se servent, *a* n'appuïe pas, comme ils disent, l'vnion *sur la modicité du revenu du benefice qui est vny*, mais sur celle du Benefice en faveur duquel l'vnion se fait.

Quant à *la modicité du revenu*, qui est, disent-ils, ᵇ*le second motif* ᵇpag. 50. l. 20. *qui a porté M. le Cardinal de Retz à prononcer l'vnion*, que ne l'a-t-il donc specifié dans cette donation prétenduë? Pourquoy n'en parle-t-il point du tout? A-t-il remis aux Iacobins à expliquer les motifs qui l'ont porté à faire cette injustice qu'on luy attribue? Ou plustost cét illustre Archevesque s'est-il reposé sur ces Religieux pour la deffense de ces Lettres prétendües, comme d'vn ouvrage qui leur estoit propre? Si cela est, les Iacobins devoient chercher des motifs vn peu plus solides pour couvrir leur injustice, & la surprise qu'ils ont faite à son Eminence, & n'en pas découvrir d'autres, qui sont seuls capables de rendre ces lettres entierement nulles & abusives.

Ils devoient inventer des motifs plus solides que la modicité du revenu, puis qu'outre qu'ils persuaderont assez difficilement au public qu'ils eussent tant d'obstination à se maintenir dans l'vsurpation qu'ils ont faite des maisons des Prestres & des Hermites, aprés avoir employé tant d'artifices & tant de violences pour s'en emparer, s'ils ne les regardoient comme vne proye considérable, & vn butin capable de contenter leur ambition & leur cupidité: il n'y a pas d'apparence que M. le Cardinal de Retz qu'ils ᶜpag. 48. l. 24. loüent ᶜ de s'estre *conformé à l'esprit & à l'intention de M. l'Archevesque son prédecesseur & oncle*, ait voulu ruiner, pour la modicité du revenu, vne Congrégation qui en avoit assurément beaucoup plus dans le temps que les Iacobins luy en ont fait disposer en leur faveur, que dans celuy de sa premiere institution: & que feu M. l'Archevesque s'estant contenté pour accorder ses Lettres de Concession d'*vne rente de cinquante écus faite en faveur de M. Charpentier & de ses successeurs*, M. le Cardinal de Retz n'eust pas trouvé digne de sa protection vne Congrégation, qui avoit fait depuis

ce temps-là vn grand nombre d'aquiſitions, & qui auoit fait élever des baſtimens, acheté des terres, & fait des contracts pour
plus de cent mille livres.

Les Iacobins ne devoient pas auſſi découvrir les motifs véritables qui ont pû porter M. le Cardinal de Retz à prononcer cette
vnion, ny luy faire declarer que c'eſtoit le *deſir qu'il auoit de leur
donner des marques conſidérables de l'affection & de la bienveillance particuliere qu'il auoit pour le Convent de S. Honoré, comme pour vne maiſon que ſes Prédeceſſeurs auoient baſtie ;* puiſque ce motif, qui eſt le
ſeul qui puiſſe avoir quelque vray-ſemblance & quelque fondement, rend cette union entierement nulle & abuſive. Car s'il n'eſt
pas permis à vn Eveſque d'vnir à ſa manſe, ou à celle du Chapitre
de ſon Egliſe Cathedrale aucuns Benefices, il peut bien moins
faire cette union en faveur d'une maiſon que ſes anceſtres ont fait
baſtir : & c'eſt particulierement en vne ſemblable rencontre que
la raiſon des Loix Eccléſiaſtiques, qui declarent cette premiere
eſpece d'union nulle & abuſive, doit avoir lieu : puis qu'il eſt alors
bien plus à préſumer que l'Eveſque, qui le fait, y eſt porté par vn
certain deſir d'éterniſer ſa memoire, & d'elever la gloire de ſa famille, dont les plus grands hommes ont aſſez de peine à ſe deffendre, que par vn deſir ſincére de procurer le bien de l'Egliſe, &
le ſalut des Peuples qui luy ſont commis.

En effet les Iacobins ſuppoſant, comme ils font, que M. le C.
de Retz ſe reſerve dans ſes Lettres d'union, *les droits, les honneurs
& les prérogatives qui ſont deuës aux Fondateurs*, luy attribuent
inſolemmét de ne s'eſtre point propoſé dans cette union d'autre
vtilité, que la leur & la ſienne propre ; & font voir qu'il n'y a point
eû d'autre *neceſsité* d'unir les biens des Preſtres & des Hermites
du Mont-Valérien à la maiſon des Iacobins, que celle de ſatis-
faire la convoitiſe des uns, & la vanité qu'ils attribuënt à l'autre.

Mais afin de ne laiſſer aucun ſcrupule ſur ce poinct dans leſprit
des Lecteurs, on les ſupplie tres-hvmblement de ſe ſouvenir de
tout ce qu'on a rapporté dans l'article, où l on a fait voir les fauſſes idées que les Iacobins ont données des Preſtres du Calvaire,
& où l'on a détruit par avance tous les faits ſur leſquels ils appuyent *a* cette *néceſsité* & cette *vtilité* prétenduë d'unir la maiſon
du Calvaire à celle des Iacobins. Car on y a fait voir que le ſeul
M. le Royer avoit eſté la cauſe de tous ces deſordres prétendus ;
qu'il n'y a iamais eû que luy ſeul, qui ait violé les Statuts de
la Congrégation ; qu'il a eſté le ſeul qui l'a reduite à l'extremité,

Dictumque conventum Pariſienſem) S. Annunciationis B. M. V. ab Eminantiſsimis S. R. E. Cardinalibus Pariſienſibus Epiſcopis Pradeceſſoribus noſtris jam ab omnis 50. erectum... ſingulari amore & benevolentia proſa qui cupientes.

a Depuis la page 44. iuſques à la p. 53. & depuis la p. 56. iuſques à la 60.

où elle eſtoit lors que MM. les Vicaires Généraux l'ont r'eſtablie dans ſa premiere ſplendeur, & que l'ayant remplie de bons Prêtres & d'un Superieur ſage & éclairé, ils ont oſté toute ſorte de prétexte à cette *néceſſité* & à cette *utilité* prétenduë.

On n'y a pourtant pas marqué une circonſtance qu'on ne peut icy obmettre, qui eſt que toutes ces debtes prétendües, dont la maiſon eſt chargée, viennent originairement de la mauvaiſe foy & de la malignité de M. le Royer, lequel voyant que MM. les Vicaires Généraux avoient réſolu de s'oppoſer fortement au deſſein qu'il avoit de ſe rendre maiſtre de la maiſon & d'en diſpoſer en faveur des Iacobins, & qu'ils y alloient incorporer de nouveaux membres qui s'oppoſeroiét avec vigueur à ſes injuſtes deſſeins, reſolut de les forcer par des procés & des debtes ſimulées, à ſe retirer de la Congrégation. C'eſt ce qui l'obligea de faire trois promeſſes de differentes dattes au profit du ſieur Bavot, en qualité de Preſtre & Directeur de la maiſon du Calvaire, leſquelles ayant reconnües devant des Notaires, il ſe fit donner aſſignation par colluſion, & enſuitte condamner à payer à ce nommé Bavot cette ſomme de 1730. liu. en principal, & en ſuitte à faute de payement, il fit faire une ſaiſie réelle d'une maiſon, & de trois arpens de vignes appartenans aux Preſtres du Calvaire; & c'eſt ce qui a donné lieu aux Iacobins de mettre dans leur écrit *qu'on pourſuit actuellement le decret d'une partie des terres de la Montagne*, comme s'il n'eſtoit pas ridicule de vouloir rendre les Prêtres du Calvaire reſponſables des debtes vrayes ou ſimulées, que M. le Royer a contractées; & comme ſi, afin de prouver quelque choſe contre-eux, il ne faudroit pas monſtrer que ces debtes euſſent eſté faites depuis que M. de la Font & les autres Eccleſiaſtiques ont le maniment des affaires de la Congrégation?

Il eſt vray que dés l'année 1657. on devoit la ſomme de quatre mille livres, mais les achapts de terres que l'on a faits d'années en années, les Guerres qui ont inondé par diverſes fois le Mont-Valérien, qui fut meſme pillé par les Soldats, le peu d'œconomie de M. le Royer avoient cauſé ces debtes, dont la maiſon ſe fuſt facilement aquittée ſans l'uſurpation des Iacobins, ne reſtant plus que 900. liu. à payer lors qu'ils s'en ſont emparez.

Mais enfin quand les Preſtres du Calvaire auroient contribué à la diſſipation du bien de la Congrégation ; quand ils ſeroient coupables de tous les déréglemens que les Iacobins leur ont fauſſement attribuëz, s'enſuit-il pour cela que M. le Cardinal de

LA CONGREgation endettée, par qui.

a Le 9. May 1660.

Retz ait dû donner la Montagne aux Iacobins? Tout cela prouve bien qu'il falloit veiller sur cette Congrégation, & y establir de bons Prestres, comme M M. les Vicaires Généraux avoient fait. Mais cela ne prouve pas qu'il ait pû livrer la maison du Calvaire aux Iacobins au préjudice de ceux qui la possedoient, sans agir contre l'esprit de l'Eglise, & particulierement de celle de France, qui deffend aux Evesques dans le premier Concile de Lyon de priver les Clercs de leurs biens, & qui ordonne de les chastier s'ils sont coupables dans leurs personnes, selon la rigueur des Canons. *Illud censuimus statuendum ut quascunque munificentias Clericis… sive de rebus Ecclesia in usum, aut de propriis in proprietatem precedentes dederint Sacerdotes, subsequentes Pontifices nullatenus auferre præsumant, si quid tamen culpæ extiterit pro qualitate personarum, vel regula Canonum præcedentium, in persona, non in facultate habeatur districtio.*

Conc. Lugd. 1. cap. 5.

Si les Evesques ne doivent pas oster aux Clercs les biens, qu'ils tiennent de la libéralité de leurs Prédecesseurs, peuvent-ils leur enlever les leurs propres, & ceux dont ils ne sont redevables qu'à la libéralité des Princes & à la charité des fidelles? Mais peuvent-ils les leur enlever lors que ces mesmes Clercs font refleurir la discipline dans leur maison, & qu'aprés avoir souffert beaucoup de fatigues & de despenses, pour en éloigner celuy d'entre eux qui la jettoit dans le trouble & dans le scandale, ils commençoient à édifier toute l'Eglise par leur pieté & par l'exercice de leur ministére.

On n'a donc plus à examiner que la troisiesme solemnité que les Iacobins avoüent estre nécessaire pour la validité de l'union qui est que l'on y appelle ceux qui ont quelque interest, *vocatis quorum interest.* Et à l'égard de cette formalité, ils demeurent d'accord qu'on n'y a point satisfait, mais aussi qu'on n'y a point esté tenu ; ce qu'ils prouvent parce que nul des Prestres n'est interessé à la Congregation, que *M. Baillu est le seul qui reste de la Communauté du Calvaire,* [a] & qu'ainsi on n'y a dû appeller personne.

L'VNION faite sans appeller les parties interessées.

a 'Fact. des Iac. pag. 52. l. 14.

Mais sans avoir recours aux raisons par lesquelles on a estably si fortement le droit de M. de la Font & des autres membres de la Congrégation, [b] il suffit que les Iacobins reconnoissent que M. Baillu en estoit pour faire voir qu'on n'a pû sans abus proceder à cette union sans appeller les parties. En effet, puis qu'il n'y avoit plus que luy de cette Communauté, n'est on pas inexcusable de ne l'avoir pas appellé, comme l'ordonnent les Conciles ; de n'a-

b 1. Fact. des Pr. & des Herm. pag. 28. 25. & 30. & dans celuy-cy de plus la p. 22. jusques au n. 38.

voir

voir pas écouté les moyens qu'il pouvoit représenter à son Eminence pour r'establir la Congrégation; & de ne luy avoir pas donné le tems de se justifier de la division, du desordre & de la dissi-
pation du bien don t on l'accusoit ?

On n'a pas dû l'appeller, dit-on, *puisque sa mauvaise conduite donnoit lieu à l'vnion*. Mais n'est-ce pas pour cela mesme qu'il devoit
estre appellé, puisque cette mauvaise conduite estant le motif, ou
le prétexte de l'vnion, elle devoit estre constante ; & qu'elle ne
pouvoit l'estre, qu'en l'appellant, selon les formes prescrites par
les Canons, & l'obligeant de comparoistre pour rendre raison de
cette mauvaise conduite prétenduë. Car enfin, ce n'est pas assez
pour la validité de l'vnion, que les parties intéressées ayent méri-
té dans le fonds d'estre privées du benefice que l'on vnit : il faut
encore qu'elles ayent esté convaincües juridiquement de ce dé-
merite prétendu, devant que de prononcer l'vnion; ce qui n'ayant
point esté observé à l'égard de M. Baillu, qu'on ne peut point nier
avoir esté intéressé dans cette vnion, puis qu'on demeure d'ac-
cord qu'il estoit membre de la Congrégation, [a] *& qu'il ne falloit*   [a] *pag. 51. l. 14.*
point le compter pour rien, [b] rend cette vnion absolument nulle &   [b] *pag 79. l. 20.*
abusive.

Que si ce seul defaut, à l'égard d'vn des membres de la Congrégation, rend cette vnion nulle & abusive, peut-on en soustenir
encore la validité; aprés que M. le Cardinal de Retz l'a faite sans
appeller ny le Superieur qui avoit esté estably par son autorité
dans la Congrégation, ny tant d'autres Ecclésiastiques qui y
avoient esté agrégez & incorporez par la mesme autorité, & mesme sans écouter ses Vicaires Généraux ?

Quoy, l'on dit [c] *qu'il a beaucoup travaillé par le ministére ardent*   [c] *pag. 21. l. 20.*
& éclairé de ses Vicaires Géneraux, pour r'establir cette Commu-
nauté, & l'on suppose en mesme temps qu'il l'abandonne en
proye aux Iacobins, sans entendre le rapport de ces Messieurs,
sans leur communiquer ce dessein, sans leur en commettre l'exécution, & sans s'informer auparavant si *l'ardeur & la lumiere* de
leur zéle n'ont produit aucun fruit, ou s'il n'y a point lieu d'en es-
perer bien-tost ! Luy auroient-ils esté moins fidelles en cette affaire que dans toutes les autres ? Se reposant sur leur conduite
pour le gouvernement de son Diocéze, n'y avoit-il que ce qui
regardoit le Calvaire, dont il ne pouvoit avoir aucune connoissance particuliere à cause de son éloignement, qu'il se dût reserver a
luy seul ? Est-ce que les Iacobins luy avoient fait entendre que

P

ces Messieurs s'estoient déclarez *Protecteurs des Prestres & des Hermites?* Mais n'estoit-ce pas ce qui devoit engager davantage Son Eminence à recevoir les Prestres & les Hermites en sa protection, puis qu'elle devoit présumer que ses Vicaires Généraux ne se seroient pas rendus leurs Protecteurs contre les Iacobins, s'ils n'eussent connu parfaitement leur innocence, & l'injustice des prétentions de ces Religieux?

Il est donc constant qu'il n'y a nul prétexte qui puisse excuser ce dernier defaut, non plus que tous les autres : que cette vnion est faite contre toutes les Regles prescrites par les SS. Canons, & reçües de tout temps dans nostre France : que non seulement il n'y a eû aucune cause legitime, mais mesme qu'elle a esté faite sans connoissance de cause, sans appeller les parties, sans commettre sur les lieux pour examiner l'estat de la maison du Calvaire, & les desordres prétendus des Prestres qui la composent ; enfin, sans dresser des procés verbaux de toutes ces choses : & par consequent, il est constant qu'elle est nulle & abusive, qu'elle ne donne aucun droict aux Iacobins, & que la possession qu'ils ont prise de la Montagne, en vertu de ces Lettres d'vnion, ne peut les justifier, parce que, comme on a desia dit, le temps quelque long & immémorial qu'il puisse estre, ne peut couvrir le defaut de la moindre des formalitez nécessaires à l'vnion, selon ces excellentes paroles, d'vn grand Iurisconsulte, *quia sicut vnionis effectus perpetuus est, sic injuria per eam illata semper durat.*

La nullité & l'abus de la donation prétenduë de M. le Cardinal de Retz est confirmée par le peu de solidité des Responses que les Iacobins ont faites dans leur Ecrit, aux raisons par lesquelles les Prestres & les Hermites ont fait voir, dans leur Factum, qu'elles estoient nulles & abusives.

LEs Iacobins voyant bien qu'il leur estoit impossible de respondre à tous les moyens sur lesquels les Prestres & les Hermites ont appuyé dans leur Factum, la nullité & l'abus de la donation prétenduë de M. le Cardinal de Retz, en ont choisi deux qu'ils ont divisez en cinq objections, pour faire accroire aux moins intelligens, qu'ils respondoient aux cinq moyens de nullité & d'abus que les Prestres & les Hermites ont proposez. Ces deux moyens dont ils ont fait choix, regardent, 1. les circonstances du temps & du lieu où cette donation a esté faite, & 2. le fonds mesme de la donation.

1. Quant aux circonstances du temps & du lieu, ils répondent que c'est *vne extrême ignorance* [a] de dire qu'on devoit s'adresser à MM. les Vicaires Généraux, & qu'il leur appartinst *à eux seuls de gouverner le Diocèze*, 2. Qu'encore que M. le Cardinal de Retz fust hors du Royaume, il a pû évoquer à sa personne les oppositions & les appellations, & 3. Qu'on a pû s'adresser à Son Eminence, puisque les Prestres & les Hermites s'y sont bien addressez.

Mais on soustient qu'il n'y a rien qui fasse voir plus clairement l'abus & la nullité de cette donation prétenduë, que tout ce que les Iacobins alleguent pour iustifier ces circonstances.

Car 1. Il est faux que les Prestres & les Hermites ayent avancé dans leur Factum *qu'il appartenoit aux seuls Vicaires Généraux de gouverner le Diocèze*. Les Iacobins ne leur ont attribué cette *extravagance* qu'afin de faire paroistre mal à propos vn faux zéle pour l'autorité Episcopale, pour laquelle tout le monde sçait que ces Religieux ont si peu de respect, & de dire hardiment [b] *qu'vn Archevesque ne se peut dépoüiller en conscience de tout le soin Pastoral, & qu'il est de son obligation de prendre la part qu'il peut dans le gouvernement de son Diocèze*, quelque deffense & quelque prévention qu'il y ait du costé du Souverain, pendant qu'ils vsurpent de leur costé insolemment tous les iours cette *part que les Evesques sont obligez de prendre dans le Gouvernement de leurs Diocèzes*, & qu'ils refusent de reconnoistre cette autorité legitime qu'ils ont reçuë de I. C. pour gouverner leurs Eglises, & dont les Roys de France se sont déclarez si souvent les Protecteurs.

On n'a donc pas de peine d'accorder aux Iacobins que cette *proposition absurde & impertinente*, [c] qu'ils attribuënt faussement aux Prestres & aux Hermites, *n'a pû sortir que d'vn esprit corrompu, & d'vn jugement de travers*, puisque ce sont eux qui en sont les auteurs. ,,Mais on soustient qu'on a eû raison de dire: que s'ils n'eus- ,,sent point agy [d] de mauvaise foy, & s'ils n'eussent point eû inten- ,,tion de surprendre M. le Cardinal de Retz, ils se fussent addres- ,,sez à MM. les Vicaires Généraux, ausquels il appartenoit vni- ,,quement alors de pourvoir aux desordres que l'on prétendoit ,,estre dans la maison des Prestres.

Il leur appartenoit de pourvoir à ces desordres; puis qu'ils avoient en depost la puissance de M. l'Archevesque; & qu'il re-

a *Fact. des Iacob.* pag. 44. l. 5.

PREMIERE
Réponse des Iacobins.

b *pag.* 53. l. 11.

c *Fact. des Iacob.* pag. 53. l. 32.

d *Paroles du Factum des Prestres & des Hermites.* pag. 39.

a Pluribus jam per nos seu Vicarios nostros generales tentatis adhibitisque remediis.

connoist luy-mesme en eux ce pouuoir dans ces lettres prétendües. a

Et il leur appartenoit alors vniquement d'y pourvoir, parce qu'il n'y avoit qu'eux, qui en pussent prendre connoissance, & qu'estant sur les lieux, ils pouvoient s'éclaircir de la verité de tous ces desordres prétendus, en informer son Eminence, & luy représenter les moyens, qui estoient les plus propres pour procurer sur cette Montagne le salut des peuples, & la gloire de Dieu.

Il ne faut donc point chercher d'autres preuves de la mauvaise foy des Iacobins, & du dessein qu'ils ont eû de surprendre Son Eminence, que de considerer, qu'ayant si prés d'eux MM. les Vicaires Généraux ; qu'estant si facile de leur exposer les desordres prétendus des Prestres du Calvaire, & les motifs qu'ils avoient de s'establir en leur place ; en vn mot, que pouvant mesme plus facilement & plus canoniquement obtenir par leur faveur, de M. le Cardinal de Retz, ce qu'ils recherchoient avec tant d'ardeur, ils ayent mieux aimé sortir de France, & l'aller chercher dans les pays estrangers, où il luy estoit impossible d'entendre les personnes intéressées, ny de s'éclaircir de l'estat véritable où estoit alors la Congrégation, b *Estrange circonspection ? Merveilleuse prévoyance ? Ils avoient désja conçu le mal dans le cœur : mais ils ont eû cette prévoyance de ne point l'éxécuter qu'aprés en avoir obtenu permission. Ils ont conçu la douleur, comme dit le Prophete, mais ils n'ont point enfanté l'iniquité qu'aprés que l'Evesque a donné son consentement au mauvais dessein qu'ils avoient formé. Que gaignent-ils donc en cette permission ? le mal cesse-t'il d'estre mal, où est-il moindre, parce que l'Evesque a permis de le commettre ? Et qui peut nier au contraire que ce ne soit vn mal de consentir à vn mal ? Ce que toutesfois on n'a garde de croire que M. le Cardinal de Retz ait fait, si ce n'est qu'il ait esté ou surpris par des mensonges, ou vaincu par importunité.*

b S. Bern. Ep. 7. n. 9.

SECONDE Réponse des Iacobins.

2. En effet, de quelles faussetez & de quelles suppositions n'ont pas pû se servir les Iacobins pour surprendre M. le Cardinal de Retz, puis qu'ils osent bien establir des choses toutes contraires dans des Ecrits publics ; & qu'aprés avoir avancé dans l'éclaircissement qu'ils firent imprimer sur leur prise de possession, c que les Lettres de M. le Cardinal de Retz estoient *dattées du 4. Fevr. dernier, avant sa démission de l'Archevesché de Paris ;* Ils osent bien soûtenir dans ce dernier Ecrit que son *accommodement avoit esté conclu au commencement de Ianvier de la mesme année* d *& qu'il estoit fait, le 4. de Fevrier ;* e c'est à dire que ces Lettres avoient esté données

c pag. 5. l. 9.

d Fact. des Iacob. pag. 54. l. 30.

e pag. 55. l. 3.

nées

nées aprés sa démiſſion. Car il eſt évident par ces contradictions affectées, que ces Religieux ne font point de difficulté d'impoſer à tout le monde ; qu'ils ſe font étudiez au menſonge, ſelon l'ex-preſſion de l'Eſcriture ſainte ; ᵃ & qu'ils ne rougiſſent point d'a-vancer des choſes toutes oppoſées, ſelon qu'ils s'imaginent qu'elles fauoriſeront leurs injuſtes prétentions.

Mais c'eſt en vain que les Iacobins s'appuyent ſur la fauſſeté & ſur le menſonge. Car enfin, ou les Lettres de M. le Cardinal de Retz ont eſté données *avant la démiſſion de ſon Archeveſché*, comme ils le diſent dans leur éclairciſſement ; ou elles ont eſté données depuis, & *aprés que ſon accommodement a eſté conclu*, comme ils ont avancé dans leur dernier Ecrit. Si elles ont eſté données avant ſa démiſſion ; donc elles ont eſté données dans vn temps où il n'avoit point de demeure fixe & aſſurée, & pendant lequel il n'a pû évoquer devant luy les oppoſitions & les appellations ; donc elles ont eſté données dans vn temps, ou les Iacobins n'ont pû recourir à luy, comme ils ont fait, ſans agir contre les ordres de ſa Majeſté, & ſans engager par ſurpriſe M. le Cardinal de Retz à agir contre ſes propres intentions, & contre l'vniformité de la conduite qu'il a touſiours tenuë durant ſon éloignement ; donc elles ont eſté données dans des circonſtances de tems & de lieu qui rendent cette donation entierement nulle & abuſive.

Que ſi au contraire ces Lettres prétenduës ont eſté *données de-puis la démiſſion de M. le Cardinal de Retz, & vn mois aprés que ſon accommodement avoit eſté conclu*. Elles ont donc eſté données dans un temps, où il s'eſtoit depoüillé luy-meſme de ſon autori-té, & par conſequent elles ſont entierement nulles & abuſives, par le deffaut de puiſſance dans celuy qui les a données ; & l'on ſe rend encore plus ridicule par cette Réponſe, qu'on n'avoit fait dans la premiere ſuppoſition, en luy faiſant *evoquer devant luy ſeul toutes les conteſtations qui pourroient ſurvenir*, puis qu'on les luy fait évoquer dans un tems, où il n'avoit plus le pouvoir de les re-gler, & où il s'eſtoit engagé ſi inviolablement à ne ſe plus mê-ler des affaires de l'Archeveſché, qu'il a touſiours témoigné depuis que la ſeule conſidération de la parole qu'il en avoit donnée à ſa Majeſté l'empeſchoit de faire connoiſtre à tout le monde la ſurpriſe qu'on luy avoit faite, & l'horreur qu'il auoit de cette donation qu'on luy attribuë.

3. Les Iacobins euſſent donc agy fort ſagement de ſuivre le conſeil qui leur eſtoit donné dans les paroles de l'Ecriture ſainte

a pag. 55. l. 15. qu'ils ont rapportées, *a* & de ne contredire pas auſſi ouvertement qu'ils ont fait la verité & la juſtice, puis qu'ils ne fuſſent pas tombez dans de ſi grandes contradictions & dans de ſi grandes abſurditez , & qu'ils n'euſſent pas recherché dans la conduite des Preſtres & des Hermites qui n'a rien que d'innocent, dequoy juſtifier celle qu'on leur reproche ſi iuſtement, & qui eſt d'autant plus criminelle, ſelon le ſentiment d'un grand Eveſque de noſtre France, qu'ils s'efforcent davantage de la juſtifier par cét exem-b De gubern. Dei lib. 4.ple : *Maxima quippe*, dit Salvien, *b accuſatrix hominum noxiorum eſt uſurpatrix innocentiæ arrogantia.*

En effet y a-t'il rien qui confonde davantage la conduite des Iacobins que celle des Preſtres & des Hermites, à laquelle ils n'ont point eû de honte de la comparer ? Les Preſtres & les Hermites forcez par la neceſſité de ſe deffendre, ont eſté trouver M. le Cardinal de Retz en France , à Commercy, qui eſtoit le lieu que ſa Maieſté luy auoit aſſigné pour ſa demeure , trois mois aprés que ſon accommodement a eſté conclu , & que par ſon retour en France, & dans les bonnes graces de ſa Maieſté, toutes les deffences qui avoient eſté faites d'avoir commerce avec luy ont eſté levées publiquement. Et les Iacobins pouſſez par leur ſeule ambition, & par la ſeule cupidité d'enuahir les biens des Preſtres & des Hermites, ont eſté chercher M. le Cardinal de Retz dans les Pays eſtrangers ; ils l ont eſté trouver, lors qu il eſtoit dans une eſpece de prévention qui ne leur permettoit pas d'avoir accés auprés de luy ; & mal-gré les deffences tres-expreſſes que le Roy avoit faites à tous ſes Sujets d'avoir aucun commerce avec luy, & qui ſubſiſtoient encore , ils luy ont eſté offrir *les titres, les honneurs & les prérogatives deuës à leurs Fondateurs*, afin de l'engager à leur accorder les maiſons des Preſtres & des Hermites, dont il ne pouuoit point diſpoſer. En verité ne faut il pas qu'ils ſoient eſtrangement ſtupides pour s'appuyer ſur une comparaiſon qui ruine entierement leurs prétentions ? Et ne peut-on pas dire en voyant les Iacobins fonder leur juſtification ſur des preuves qu'ils forgent eux-meſmes, & qui ſont pourtant ſi foibles & ſi incapables de les deffendre de la honte & de la confuſion qu'ils meritent, ce que l Ecriture ſainte a dit de ces miſerables qui ſe faiſoient des Dieux de bois & en peinture?

Sap. 15. 6. *Malorum amatores digni ſunt, qui ſpem habeant in talibus.*

II. A l'égard du fonds de ces Lettres prétendües, que les Preſtres & les Hermites ont fait voir dans leur Factum eſtre enerement nulles & abusives, parce que M. le Cardinal de Retz, au preiudice de toute la Hierarchie, & sous vne condition qu'on auroit de la peine à purger de simonie, y dispose d'vn bien qui ne luy peut appartenir? Les Iacobins répondent, 1. que la constru-ction des bastimens est l'effet des Charitez des particuliers, 2. que l'Eglise ne fait point de cas de ces petits interests, & 3. que si M. le Cardinal de Retz s'est reservè les prérogatives de Fonda-teur, c'est moins vne reserve, qu'vne déclaration & vne explica-tion de son droict.

a Fact. des Pre-stres & des Her-mites, pag. 41. 42. 43.

1. On ne s'arreste point icy à représenter aux Iacobins qu'ayant avancé dans vn autre de leurs Ecrits, *b* & mesme dans celuy-cy, *c* que *la construction des bastimens a esté faite des libéralitez du feu Roy, & des aumosnes de deffunt M. le Cardinal de Richelieu*, ils n'ont pû dire, comme ils ont fait, que *cette mesme construction des basti-mens est l'effet des Charitez des particuliers*, *d* sans se contredire, selon leur coustume, ou sans mettre insolemment au rang des particu-liers, le feu Roy Loüis XIII. & le Cardinal de Richelieu son pre-mier Ministre. On se contentera seulement de leur citer la page 29. du Factum des Prestres & des Hermites, où l'on a prévenu cette Réponse, & où l'on a fait voir combien il est ridicule de prétendre que, parce que des biens & des bastimens sont des ef-fets de la libéralité des Princes & de la Charité des Fidelles, ils n'appartiennent pas à ceux à qui ces Princes ont fait ces libérali-tez, & les Fidelles ces aumosnes.

TROISIESME Réponse des Ia-cobins.

b Dans l'éclaire. pag. 4. l. 29.
c pag. 5.

d Fact. des Iacob. p. 56. l. 1.

En effet, pour monstrer que ces Charitez des particuliers don-nent droict aux Iacobins d'envahir les biens des Prestres & des Hermites, il faudroit faire voir que tous ces particuliers n'ont fait ces Charitez aux Prestres du Calvaire, qu'en faveur des Ia-cobins: qu'ils n'ont fait élever l'Eglise & les bastimens, que pour loger ces Religieux : & que feu M. l'Archevesque n'a dressé des Statuts, & donné des Lettres de concession, & le Roy heureuse-ment regnant à present n'a accordé ses Lettres Patentes , & qu'elles n'ont esté verifiées en Parlement, qu'afin que les Prestres du Calvaire employassent leurs biens, leur temps & leurs peines à bastir une maison aux R R. P P. Iacobins, & qu'aprés l'avoir meu-blée & accommodée de toutes les choses nécessaires à vne Communauté, ils en fussent chassez honteusement par ces Reli-gieux. Que si au contraire il est constant que toutes ces Illustres personnes, qui ont contribué à la construction des bastimens, n'ont eû en veüe que l'établissement de la Congrégation du Cala Par les du contract d'acquisition dont il est parlé dās les lettres de feu M. l'Archevesque.

vaire : & si les fonds qui luy ont esté donnez, l'ont esté *en faveur de M. Charpentier & de ses Successeurs qui la gouverneroient :* les Iacobins ne sont ils pas forcez de reconnoistre qu'ils se sont emparez d'vn bien qui ne leur peut appartenir, & que si les Prestres du Calvaire passent dans leur esprit pour des *phantosmes* & pour des *spectre*, c'est que l'horreur des violences & des outrages, que ces Religieux ont commis contre eux, les suit par tout, & leur reproche sans cesse l'injustice avec laquelle ils les ont dépouillez de tous leurs biens ?

b Fact. des Iac pag. 57 l. 37.

QVATRIE'ME Réponse des Iacobins.

c pag. 58. l. 27.

2. C'est sans doute par la mesme vision, & pour appaiser les cuisans remords qui déchirent leurs consciences, qu'ils se sont figurez que *l'Eglise ne fait point de cas des interests* qu'on a representé qu'elle avoit de s'opposer à cette Vnion prétenduë. Comme si c'estoit *vn petit interest dont l'Eglise ne fist point de cas,* que de conserver l'ordre de la Hierarchie, & d'empescher que les playes qui luy ont esté faites par les exemptions & par les priviléges ne se multiplient tous les iours. Comme si c'estoit vn *petit interest, dont l'Eglise ne fist point de cas,* que de deffendre les biens & l'honneur de ses Ministres, & de ne permettre point que *l'on renverse sa Discipline,* & *que l'on foule aux pieds la sainteté de ses Canons, en condamnant* les Prestres & les Hermites *sans connoissance de cause, & & sans les avoir convaincus des crimes qu'on leur impose faussement.* Enfin comme si *c'estoit vn petit interest dont l'Eglise ne fist point de cas,* que d'empescher qu'on ne luy arrache des Ministres tres-fidelles & tres-soumis à ses Pasteurs, pour luy en substituër d'autres qui font gloire de leur rebellion & de leur desobeïssance.

d Leo 9 in Ep.1. ad Michael. Constant. Epis.

e Fact. des Iac. pag. 59 l. 1.

Qu'on ne dise point *qu'on interesse mal à propos tout le Clergé dans l'union du Calvaire.* Il est impossible qu'il ne gemisse de l'oppression que souffrent les Prestres, qui ont l'honneur d'estre ses membres : que tous ceux qui aiment la Hierarchie, ne soient touchez sensiblement de ce qu'on ravit aux Archevesques de Paris les droits qu'ils avoient sur cette Congrégation, & aux Curez du Diocése le secours qu'ils auroient pû tirer des Ecclésiastiques qui la composoient : Et que tous les Evesques ayant horreur de la facilité avec laquelle on suppose que M. le Cardinal de Retz a favorisé les entreprises des Iacobins contre des Prestres de son Diocéze, ne luy addressent ces paroles que saint Augustin a autresfois écrites à un grand Evesque d'Affrique : *Nimis dolendum si ad tam ruinosam superbiam Monachos surrigamus, & tam gravi contumel. â Clericos dignos putemus, in quorum numero sumus, cùm aliquando*

S. Aug. Epis. 76. ad Aure. um

aliquando etiam bonus Monachus, vix bonum Clericum faciat.

3. Quant à la *reserve* des droicts & des prérogatives deües aux Fondateurs, on a esté bien éloigné de s'en servir pour *flestrir* la réputation de M. le Cardinal de Retz ; puis qu'au contraire on ne l'a reprochée aux Iacobins, que comme vne des plus fortes présomptions que l'on avoit, de la supposition & de la nullité des Lettres sur lesquelles ils fondoient leurs injustes prétentions. Et ils eussent bien mieux fait de ne rien dire sur ce poinct, de mesme que sur les autres ausquels ils n'ont pû trouver de réponse, que d'en apporter vne aussi puërile & aussi ridicule que celle qu'ils alleguent.

CINQVIE'ME Réponle des Iacobins.
a *Fact. des Iacob.* pag. 29. l. 16.

En effet, si M. le Cardinal de Retz n'a pas prétendu, comme ils disent dans leur Ecrit, *b* aquerir vn nouveau droict par cette convention, mais seulement *declarer & expliquer* celuy qu'il avoit désja sur la maison de S. Honoré, à laquelle il vnissoit celle du Calvaire ; pourquoy, dit-il, expressément *c* qu'il l'accorde aux Iacobins *à condition que cette nouvelle maison, & que les Religieux qui y demeureront le reconnoistront & l'honoreront avec toute la famille des Gondys, à laquelle ils sont desja tres-obligez par plusieurs autres titres, en qualité de leur Fondateur ?* N'est-il pas evident par ces paroles que M. le Cardinal de Retz a prétendu aquerir par cette donation vn nouveau droict, & distingué de ceux que toute sa famille avoit désja sur la maison de S. Honoré par les bienfaits que ses Ancestres avoient accordez aux Iacobins? *pluribus jam sibi de vinctissimam titulis* : qu'il ne leur fait ce don qu'à condition qu'ils le reconnoistront en particulier avec toute sa famille pour les Fondateurs de cette nouvelle maison ? *in suum seu dicta domus vicarialis fondatores agnoscere & venerari* : & que si cette qualité luy eust appartenu par vne consequence necessaire, à cause qu'il estoit Fondateur de la maison de S. Honoré, il n'eust point esté obligé de mettre dans ces Lettres cette convention expresse, qui toute tacite qu'elle eust esté, n'auroit pas laissé de les rendre nulles & abusives, & de mettre les Iacobins dans la mesme impossibilité de les purger de simonie?

b *pag. 59.*

c *Ac vt insuper teneatur præfata Domus... Fratresque in ca deputati... Nos ac nostram Gondiorum familiam, pluribus jam sibi devinctissimam titulis, in suum seu dicta domus Vicarialis fundatores agnoscere & venerari nipibus que &c.*

Mais puisque les Iacobins font semblant d'estre en peine de découvrir la simonie de cette reserve, ils ne trouveront pas mauvais qu'on les renvoye à S. Thomas, dont ils témoignent assez par là qu'ils n'ont pas fort estudié la doctrine, & qui leur apprendra que celuy qui donne vne chose spirituelle pour quelque honneur, ou pour quelque bon office temporel rendu, ou à ren-

SIMONIE des Lettres de M. le Cardinal de Retz.

c *Idem est quod aliquis det rem*

R

spiritualem pro aliquo obsequio temporali exhibito vel exhibendo, ac si daret pro pecunia data, vel promissa..... Et ideo sicut contrahitur simonia accipiendo pecuniam, vel quamlibet aliam rem exteriorem, quod pertinet ad munus à manu, ita etiam contrahitur per munus à lingua vel ab obsequio. S. Thom. 22. q. 100. a. 5, in :.

dre, n'est pas moins coupable que celuy qui la vend au prix d'argent : & que *de mesme que l'on commet vne simonie en receuant de l'argent, ou quelqu'autre present qui passe par les mains, quod pertinet ad munus à manu :* On la commet aussi en receuant les presens qui passent, *pour ainsi dire, par la langue, & par les bons Offices, & qui consistent dans les paroles de reconnoissance les honneurs,* les titres & les priuileges qui sont deus aux Fondateurs : *Ita etiam contrahitur per munus à lingua vel ab obsequio.* Ce que ce grand Docteur confirme par les paroles du Pape Vrbain II. qu'on a inserées dans le Droict Canon. Quiconque, dit ce Pape, ne distribuë point les choses de l'Eglise selon la fin pour laquelle elles ont esté instituées, mais les convertit à son profit particulier, en exigeant quoy que ce soit, ou en paroles, ou en devoirs & soumissions, ou en argent, est simoniaque : *Quisquis res Ecclesiasticas non ad quod instituta sunt, sed ad propria lucra munere linguae, vel obsequij, vel pecuniae, largitur, vel adipiscitur, simoniacus est.*

Peut-on plus ouvertement disposer des biens du Calvaire pour une fin contraire à celle pour laquelle ils luy ont esté accordez, qu'en les arrachant des mains des Ecclésiastiques, pour la subsistance desquels ils avoient esté consacrez par la devotion des Fidelles, afin de les abandonner à des Religieux : Et ces bons offices qui dépendent du discours, ou du respect & de l'honneur que l'on rend à une personne, peuvent-ils estre exprimez plus formellement que dans ces paroles, qu'on ne sçauroit assez blasmer les Iacobins d'avoir eû l'insolence de mettre en la bouche de *Paroles de la donation prétenduë de M. le Cardinal de Retz.* M. le Cardinal de Retz, *à condition que cette maison ainsi erigée sera tenuë & les Religieux aussi qui y demeureront, de me rendre participant dans toute la suite des Siecles de leurs sacrifices & de leurs bonnes œuvres, de me reconnoistre & respecter avec toute la famille des Gondys pour leurs Fondateurs, & de nous honorer & nous faire iouyr de tous les titres, de tous les droits & de tous les privileges qui sont accordez dans leur Ordre, ou qui pourront y estre accordez par le droit ou par l'vsage à tous les Fondateurs.*

En vérité, aprés cela, il n'y a point de considération qui doive retenir Son Eminence de declarer la surprise qu'on luy a faite, & de desavoüer vne donation qui luy est si injurieuse : Et il n'est pas croyable que sa Majesté ait voulu obliger M. le Cardinal de Retz à vn silence, qu'il est obligé de rompre par la Charité qu'il se doit à luy-mesme, par la justice qu'il doit aux Prestres & aux Hermites du Mont-Valérien, & par le bon éxemple & l'édification qu'il doit à toute l'Eglise.

De l'abus & de la nullité de la donation prétenduë de M. le Cardinal de Retz, à l'égard des Hermites du Mont-Valérien.

ON auroit de la peine à croire tous les excés que les Iacobins ont commis dans leur Ecrit, contre tout l'ordre des Hermites, si l'on n'y remarquoit que c'est sur la ruine & sur la desolation de ce saint Estat, qu'ils prétendent appuyer leur vsurpation, & faire voir que M. le Cardinal de Retz a pû dépouïller ceux du Mont-Valérien, de tout ce qu'ils possedoient, sans garder la moindre forme de Iustice.

Ce n'estoit donc pas assez pour satisfaire l'animosité des Iacobins, de chasser honteusement de leurs Cellules les Hermites du Mont-Valérien, & de les arracher par violence d'un lieu, où ils s'estoient consacrez à Dieu. Ils ont encore voulu ravir l'honneur & la reputation de tous leurs freres ; & comme si ces Religieux ne pouvoient iouïr en assurance du fruit de leur iniquité, & posseder paisiblement cét Hermitage, sans perdre tous les autres Hermites, ils ont osé les faire passer dans leur Ecrit *a* pour des gens ᵃ *pag.* 60. & 61.
qui menent vne vie *profane & scandaleuse, & qui* non seulement *meritent d'estre dépouïllez d'vn vestement qu'ils deshonorent par leurs vices & par leurs débauches,* *b* mais encore *d'estre chassez par leurs* ᵇ *pag* 61. *l.* 24.
Evesques. *c*   ᶜ *Ib.* 16. *l.* 31.

On ne pouvoit guéres pousser plus loin la médisance & la calomnie, pour rendre odieux vn genre de vie, qu'on est enfin contraint d'avoüer *d que les plus grands Saints ont consacré par leur exemple,* à moins que d'aller chercher iusques parmy les morts dequoy ternir l'éclat & la gloire des Anacorétes ; & c'est ce que les Iacobins ont crû devoir faire pour s'assurer de leur conqueste.   ᵈ *Ib. l.* 8.

Ils ont crû que pour donner quelque vray-semblance aux faussetez dont ils se sont efforcez de noircir la reputation de tous les Hermites, & en particulier de ceux du Mont-Valérien, il falloit sapper iusques au fondement de l'estime que tout Paris a pour ce lieu dédié depuis tant de temps à la Solitude, & que le meilleur moyen de se deffendre du reproche qu'on leur fait tous les iours, qu'ils ne peuvent sans offenser la memoire de tant d'Anacorétes, qui ont vescu & qui sont morts sur cette Montagne en odeur de sainteté, troubler ceux qui leur ont succedé, & empescher qu'une posterité considerable ne rende leur nom & leur gloire immortelle, que le meilleur moyen, dis je, de se deffendre de ce reproche, estoit de dire hardiment, sans la moindre preuve, que *ce n'est pas d'aujourd'huy qu'il y a sur le Calvaire des Hermites vicieux & indignes de leur Habit.* [a] De sorte que ces bons Religieux n'ont pas esté satisfaits d'avoir brisé les tombes de cét Hermitage, pour y chercher & y ensevelir les Hermites vivans, ils ont encore esté remuer les cendres des deffunts, & porter leurs mensonges & leurs médisances jusques dans le sejour de la gloire & de l'éternité. [b] *Posuerunt in cœlum os suum, & lingua eorum transivit in terra.*

On n'entreprend pas de faire icy une longue Apologie de la vie Hérémitique. Le nombre presque infiny des faussetez & des impostures, ausquelles on est obligé de répondre pour éclaircir le droict des Prestres & des Hermites, ne le permet pas : Et il suffit que les Iacobins demeurent d'accord [c] que *cét estat est celuy de la perfection,* & que les Monastéres des Religieux ne sont que des Nouitiats [d] d'où les Hermites devroient sortir pour embrasser une vie plus sublime, que celle que l'on meine dans les Cloistres.

Cet éloge, que la verité toute entiere a arraché de leurs consciences & de leurs bouches, suffit pour confondre l'injustice avec laquelle ils ont tasché d'inspirer du mépris pour la vie solitaire & Hérémitique, sans que pour en relever la gloire on fasse voir, que les plus grands Princes Chrestiens ont regardé les Anacorétes comme des *colomnes de lumiere qui soustenoient l'Vnivers,* & comme des hommes de Dieu *dont les vertus faisoient subsister le monde :* que les plus grands Evesques & les plus grands deffenseurs de la Foy les ont considerez, comme *les plus excellens des membres de I. C.* [e] & comme des *marques éclatantes & des demonstrations animées de la verité de la Religion Catholique.* [f] Enfin que saint Benoist le plus grand Patriarche des Religieux en Occident a declaré que [g] *les maximes des Peres des Deserts estoient les modeles des excellents Religieux.*

Il faut s'attacher uniquement à examiner les erreurs touchant la vie solitaire sur lesquelles les Iacobins ont voulu appuyer la donation que M. le Cardinal de Retz leur a faite, de tout ce que les Hermites du Mont Valérien possedoient. Ces erreurs se peuvent reduire à deux chefs. Car ou elles regardent l'estat des Hermites en général : ou elles regardent le pouvoir que les Evesques exercent sur eux.

A l'égard

Marginal notes:
[a] pag. 41. & 62.
[b] Pf. 71. 9.
[c] pag. 60. l. 37.
[d] pag. 63. l. 17.
[e] S. Aug. Epi. 89.
[f] S. Chrysost. hom. 8. in Mat.
[g] Dans la préface de sa regle.

'A l'égard de l'estat des Hermites, les Iacobins leurs repro-chent *a* 1. que leur gouvernement *est Anarchique*, & qu'ils *vi-vent sans Superieur & sans Loix*. *b* 2. qu'ils *ne font point de vœux*, 3. qu'ils *ne font point Religieux*.

ERREVRS des Iacobins touchant l'estat des Hermites. a pag. 60. l. 14. b Ib. l. 15.

1. Il faut estre plongé dans un étrange aveuglement pour traitter *d'Anarchique le Gouvernement* des Hermites, & leur reprocher faussement le deffaut de Superieur & de Loix, parce qu'ils n'ont pas un Général à Rome ; qu'ils font soûmis immédiatement à leurs Evesques : & qu'ils ne se font point soustraits à leurs veritables Pasteurs & à leur Superieur legitime, comme les Iacobins ont fait. En verité cela n'est pas supportable, & ne peut venir que d'un esprit de revolte contre l'autorité sacrée des Evesques, & d'un mépris criminel de ceux qui leur font soumis. Aprés tout, les Hermitages qui font plus nombreux ont leurs Superieurs, leurs Statuts & leurs Régles, comme ceux de saint Romuald, de S. Antoine, & les autres : Et les Hermites du Mont Valérien en particulier ont, comme on a désja veu, vn Supérieur qui prend le foin de leur conduite fous l'autorité de M. l'Archevesque de Paris, qui éxamine leur vocation à la vie Hérémitique, qui leur en donne l'habit, & qui veille fur toutes leurs actions.

c Dans la page 34

2. Il est vray *qu'ils ne font engagez à aucun vœu* ; mais il est vray aussi qu'ils n'en font pas moins dignes de la protection des Evefques, & du respect & de la vénération des Fidelles ; puisque l'Eglise a trouvé bon de les laisser dans cette sainte liberté, qui fait toute leur gloire, parce qu'elle est vne marque tres-convaincante, qu'il n'y a que la Charité de Iesus-Christ qui les retienne attachez à leur Solitude, & qu'ils n'y font retenus, ny par la crainte du châtiment, ny par les autres considérations humaines & terrestres, qui font comme des chaifnes de fer qui ne lient que trop de Religieux dans leurs Cloistres ; mais par le feul amour de la Penitence & de la mortification, qui font les liens invisibles & fpirituels, par lefquels Iesus Christ attache à fa fuite les ames des perfonnes vrayement Religieuses, & les rend fermes & inébranlables dans les exercices les plus austéres & les plus rudes. C'est donc en vain que les Iacobins reprochent aux Hermites, qu'*ils ne font engagez par aucun vœu*, puisque l'Eglise n'en exige point d'eux pour embraffer la vie Solitaire, & qu'elle fe repofe de leur perfevérance fur cet Efprit faint, qui a retenu les Stilites fur des colonnes des tren-te & des quarante années, & fouftenu les Pauls, les Antoines & les Hilarions, prefque des Siecles entiers, dans d'affreufes & d'ef-froyables Solitudes.

S

3. Que si les Iacobins ont fait ce reproche aux Hermites pour fortifier celuy qu'ils leur font à la marge de *n'estre point Religieux,* ^a cela ne sert qu'à faire voir qu'ils n'ont jamais bien compris eux-mesmes, quel est l'estat de la vie Monastique, qu'ils ont embrassée, & qu'ainsi il ne faut pas s'étonner s'ils en ont violé si hautement les principales obligations. Il est constant que tous les Peres de l'Eglise, & tous les Conciles ont donné de grandes loüanges à la Chasteté, à la Pauvreté, & à l'obeyssance, qui sont les trois vœux des Religieux, & qu'ils ont témoigné en faire vne estime tres-particuliere. Mais il n'est pas moins constant qu'ils n'ont point fait consister l'essence de la vie Religieuse & Monastique dans ces trois vœux, & que ce n'a esté que par l'vsage & dans la suite des Siecles, que l'Eglise y a obligé ceux qui l'ont embrassée. En effet comme la profession Religieuse n'est autre chose qu'vn Estat, ou plustost vn chemin qui conduit à la perfection, elle peut bien subsister sans ces trois vœux joints ensemble en vne mesme personne: Et S. Bernard ^b & Pierre de Blois ^c qui ne sont point si anciens, & qui vivoient dans le douziéme Siecle, la mettent dans des choses toutes differentes.

C'est donc fort mal raisonner que de conclurre, que les Hermites ne sont point Religieux, parce qu'ils ne font point de vœux, puisque c'est se fonder sur vne pure équivoque; & prétendre que parce que les Hermites ne sont pas Religieux, selon l'acception qui est plus commune à present dans l'Eglise, & selon laquelle par ce terme on entend des personnes qui font des vœux; Ils ne sont pas Religieux, selon cette autre acception qui est beaucoup plus ancienne, qui subsiste encore aujourd'huy, & selon laquelle on honoroit de ce nom tous ceux qui tendoient à la perfection que I. C. nous a enseignée dans l'Evangile. Toute la difference donc qu'il y a entre les Moynes d'à present & les Hermites, c'est que les Moynes, tels que sont les Iacobins, sont des Religieux qui font des vœux par l'ordre de l'Eglise, & que les Hermites sont des Religieux qui ne font point de vœux, parce que la mesme Eglise ne les y a point voulu obliger; ou pour me servir de la pensée de Pierre Damien, ^d c'est que les *Moynes qui vivent en commun doivent avoüer & reconnoistre humblement leur foiblesse, qui a besoin d'estre soustenuë par tous les secours que leur fournit la vie commune: au lieu qu'ils doivent donner des Eloges & des applaudissemens à ceux qui par vne ferveur d'esprit plus grande que la leur, sont portez à entrer dans l'Hermitage.*

a pag. 60.

b Epist. 7. ad Adam Monach.
c Serm. 4. & serm. 50.

d Lib 6. Ep. 11.

II. Mais ſi les Iacobins ont fait voir leur ignorance touchant leur propre eſtat, & celuy des Hermites, ils ont ſignalé leur malignité dans le pouvoir qu'ils attribuënt aux Eveſques ſur ces Religieux. Car il ſemble que ces bons Peres, non contens de s'eſtre ſouſtraits à l'autorité des Eveſques, ne puiſſent ſouffrir que les Hermites qui portent *l'habit Monaſtique* [a] leur ſoient encore ſoûmis ; & vous diriez qu'ils faſſent vn dernier effort dans cet Ecrit pour rendre le gouvernement des Paſteurs de l'Egliſe inſupportable & odieux à tout le monde.

En effet, peut-on prétendre, comme ils font, que les Eveſques *exercent*, on ne dit pas ſur les Hermites, mais ſur les moindres des Fidelles, *vn empire deſpotique* : que *s'ils les ſouffrent, c'eſt vn effet de leur bonté, & s'ils ne les ſouffrent point vne marque de leur pouvoir:* Enfin que *leur volonté en ce point eſt leur raiſon* : [b] ſans faire dégénerer l'autorité Epiſcopale qui eſt toute de douceur & de charité en vne ſévérité exceſſive & immoderée, & ſans impoſer aux Eveſques de gouverner leurs Dioceſes par le ſeul Eſprit de Domination & d'Empire que l'Ecriture ſainte leur deffend? [c]

On ne doute point que les Eveſques qui ſçavent *qu'ils ne ſont pas les Dominateurs, mais les Medecins des hommes,* [d] qu'ils doivent pluſtoſt *travailler à ſe faire aimer qu'à ſe faire craindre,* & que *s'il eſt beſoin quelquesfois d'vſer de quelque ſévérité, ce doit eſtre vne ſévérité de Pere & non de Tyran,* n'ayent horreur de cette conduite âpre & ſévére que les Iacobins leur attribuënt, en ſuppoſant qu'ils ont droiɛ̃t de traiter les Hermites d'vne maniere ſi dure & ſi imperieuſe, & qu'au lieu *d'avoir pour eux vne abondance de laiɛ̃t & de miel,* ſelon l'expreſſion de S. Bernard, ils peuvent n'avoir qu'*vne dureté d'orgueil & de faſte,* qui n'ait point d'autre *raiſon que ſa volonté.*

Il eſt vray que les Eveſques peuvent refuſer aux Hermites, de meſme qu'aux autres Religieux, de faire de nouveaux eſtabliſſemens dans leurs Dioceſes ; & qu'ils peuvent meſme refuſer l'habit d'Hermite à tous ceux qu'ils ne jugent pas propres pour embraſſer la vie ſolitaire, puiſque les Hermites leur ſont entierement ſoûmis. Mais il eſt tres-faux, qu'ayant vne fois étably vn Hermitage, & y ayant mis eux-meſmes des Hermites, à qui ils ont donné l'habit, & dont ils ont approuvé la profeſſion, ils puiſſent ſans connoiſſance de cauſe, ſans aucune information, ſans marquer meſme qu'il y ait jamais eû aucune plainte formée contre eux, les chaſſer de leurs Cellules, & les couvrir de honte & de confuſion à la face de toute l'Egliſe.

ERREVRS des Iacobins touchant l'autorité des Eveſques ſur les Hermites.

a *Faɛ̃t. des Iac.* p. 60. l. 13.

b *Faɛ̃t. des Iacob.* pag. 60. l. 20, & ſ.

c 1. Petr. 5. 3.

d S. Bern. ſerm. 23. num. 2.

Si l'on n'a point encore vû d'Hermites se plaindre devant les Magistrats d'vne semblable conduite, c'est qu'elle est sans exemple, & que les Evesques n'ayant jamais excercé sur eux vne puissance imperieuse & cruelle, telle que celle que les Iacobins leur attribuënt, ne leur ont jamais donné lieu de recourir à la bonté de nos Roys, qui ne les auroient pas moins reçus que leurs autres sujets, aux appellations des Ordonnances de leurs Evesques, lors qu'elles auroient esté abusives.

Les Evesques ne le trouvent point mauvais, parce qu'ils ne doutent point qu'ils ne puissent estre quelquesfois surpris : & ils ne sont point fâchez qu'on reforme leurs jugemens, lors qu'on les a portez malgré eux, ou par vn zéle indiscret, ou par vne prévention d'Esprit, ou par quelque interest, ou quelque animosité cachée à blesser l'equité en la moindre chose. Et c'est sans doute pour cela que M. le Cardinal de Retz, & MM. ses Vicaires Généraux ont ordonné expressément aux Hermites de porter leurs plaintes à la Cour, & d'y poursuivre la cassation de ces Lettres qu'on luy impute.

De sorte qu'il est ridicule de faire passer *cette plainte* pour *vn abus & vn violement public du droict des Evesques,*[b] puisque ces mesmes Evesques n'ont jamais prétendu en France se soustraire à l'autorité Royale, comme les Iacobins ont fait de la leur ; & que c'est vne insolence épouuentable de vouloir que les Hermites reconnoissent en la personne des Evesques un pouvoir tyrannique, & qu'ils leurs soient soûmis comme des Esclaves, pendant que les Iacobins refusent de reconnoistre en eux l'autorité legitime qu'ils ont receuë de I. C. & de leur obeyr comme des enfans à leurs peres, & des brebis à leurs veritables Pasteurs. *Scriba & Pharisæi alligant onera gravia & importabilia & imponunt in humeros hominum : digito autem suo nolunt ea movere.*[c]

Les présoptions sur lesquelles les Iacobins prétendent appüier *cét Empire despotique,* ne sont pas moins foibles ; puis qu'on ne doit point *présumer,* comme ils prétendent[d] contre la verité ; que la présomption cesse quand on a des preuves du contraire ; & qu'on ne peut point presumer qu'*un Evesque agisse par des motifs de conscience & de justice,*[e] lors qu'il agit sans connoissance de cause, sans ouyr les parties, & sans information, principalement quand cét Evêque a toûjours esté esloigné & absent de son Diocèze, quand il donne ces Ordonnances hors de son ressort & de son territoire, dans les Pays estrangers, & dans le temps mesme qu'il se demet de son

de ſon Fveſché ; car c'eſt alors au contraire qu'il y a de tres-fortes
préſomptions qu'il a eſté ſurpris, qu'on luy a deguiſé l'eſtat des
choſes, & qu'il ne s'eſt pas beaucoup mis en peine de les examiner.

On ne peut non plus préſumer qu'un Eveſque *ordonne à des* ᵃ Paroles des Iac.
Hermites de quitter leur ſolitude, perce qu'il eſt perſuadé & convain- pag. 60. l. 32.
cu qu'elle ne leur eſt pas propre, & qu'ils en font un mauvais uſage ; ᵃ
ſi en leur ordonnant de l'abandonner il ne les envoye en d'autres Solitudes, pour en reprendre l'Eſprit, & qu'il ne mette d'autres Solitaires en leurs places ; Mais quand ce n'eſt que pour y
mettre des Iacobins, & qu'on ſe contente de leur oſter leur Hermitage, ſans leur oſter leur habit, c'eſt vne tres-forte préſomption
qu'ils ſont innocens, & qu'on ne les chaſſe de leurs Cellules, que
parce que les Iacobins les ont trouvées *fort propres* pour eux-
meſmes.

On confirme l'abus & la nullité de cette donation prétenduë, à
l'égard des Hermites, en faiſant voir le peu de ſolidité des
réponſes, que les Iacobins ont faites aux raiſons ſur leſquel-
les on l'avoit établie dans le premier Factum.

APrés avoir fait voir, qu'il n'y a rien de plus abuſif que les
nouveaux moyens ſur leſquels les Iacobins prétendent
appuyer la donation de M. le Cardinal de Retz, à l'égard des
Hermites : il faut confirmer les veritez ſur leſquelles on a fondé
dans le premier Factum l'abus & la nullité de cette donation, &
auſquelles les Iacobins ont voulu donner atteinte dans leurs Réponſes aux objections des Hermites.

Ils nient donc formellement ᵇ que les Hermites ayent fait bâ- ᵇ pag. 65. l. 31.
tir depuis 14. ou 15. ans pour plus de mille francs de murailles :
& leur raiſon eſt tout à fait demonſtrative. Car il eſt conſtant, diſent-ils, *qu'on a baſty des murailles du temps de M. Charpentier :* donc
on n'en a pas fait baſtir depuis. Il eſt conſtant qu'il y a vne *Tranſa-*
ction en date du 16. May 1647. par laquelle M. Charpentier & les Preſtres
s'obligent de faire baſtir les murs du clos : donc c'eſt un menſonge que
depuis 14 ou 15. ans, c'eſt à dire 5. ou 6. ans, depuis cette Tranſa-
ction, les Hermites ayent fait enclore un bois du coſté de Pu-
teaux, & deux jardins attenans à deux Cellules. En verité on ne
peut rien voir de plus juſte, ny de plus digne des Iacobins, qui ſe
piquent ᶜ *de faire voir aux autres qu'ils ſont mauvais Logiciens*, que ᶜ pag. 108 l. 27.

T

ces raiſonnemens ; & apré des preuves ſi coñuaincantes tout le monde voit aſſez avec quel fondement ils ſe ſont eſcriez *Voilà comment on ne rougit point de déguiſer la verité ! voilà comment on impoſe avec audace!*

a pag. 66. l. 19.

Mais ſi ces Peres eux-meſmes ne ſont point capables de *rougir* de cette maniere de raiſonner ; & s'ils veulent qu'on leur donne par écrit des preuves d'une verité qui ne leur eſt que trop connuë ; on a en main un Memoire des ouvrages de maçonneries, couverture, Charpenterie, & autres ouvrages, qui ont eſté faits en l'Hermitage du Mont-Valerien, écrit de la propre main d'un Entrepreneur, par lequel il eſt conſtant que les deux pans de cloſture que les Hermites ont faits depuis 10.ou 12. ans pour enclorre le petit bois du coſté de Putheaux, & que celle qu'ils ont fait faire pour enclorre les deux jardins, dont l'un eſt contre la cellule de F. Firmin, & l'autre proche du jardin du Reclus, ſont enſemble deux cens toiſes, leſquelles à raiſon de huiɛt liures la toiſe, montent à 1600. livres. De ſorte que l'on a pû *b* avancer ſans menſonge & ſans fauſſeté, que les Hermites ont fait bâtir pour plus de mille francs de murailles depuis 14.ou 15. ans, puis qu'elles ſont eſtimées ſeize cens livres par les Expers.

b Faict. des Preſt. & des Hermites, pag. 45. l. 21.

Pour ce qui eſt de la Cellule du F. Iean, le meſme Memoire porte que la dépenſe qui y a eſté faite tant en Charpenterie, Maçonnerie, Menuiſerie, couverture, Serrurerie & vitrages, qu'autres choſes, montent à 900. liu, & l'on ne pouvoit pas plus mal prouver que c'eſt *un fait ſuppoſé c de dire que les Hermites ont raccommodé depuis peu leurs Cellules, & qu'ils les ont miſes en meilleur eſtat par leur propre induſtrie,* que de demeurer d'accord que M. Fiquepau a donné 400. livres pour raccommoder celle de ce Frere; puis que cela prouve invinciblement qu'elle l'a eſté ; & l'eſtimation qui en a eſté faite, montant à 900. livres, monſtre de plus qu'outre les autres dons qui luy ont eſté faits, & qui ſont ſpecifiez dans la donation de M. Fiquepeau, ce Frere a beaucoup contribué par ſon induſtrie & par ſes ſoins à l'ornement & à l'embelliſſement de cette Cellule.

c Paroles des Iac. pag. 66. l. 91. p. 65. l. 28.

Quant à cette ingratitude prétenduë du Frere Iean envers M. Fiquepeau que les Iacobins luy reprochent, *d* elle eſt ſans fondement. Ce Frere ne luy a jamais refuſé l'entrée de ſon Hermitage aux conditions portées dans le Contraɛt qu'ils avoient fait enſemble ; & il a encore deux Lettres de M. Fiquepeau dattées du troiſieſme Fevrier, & du premier iour de Mars 1661. une année

d pag. 66.

avant que les Iacobins s'emparassent du Mont-Valerien, par lesquelles il est évident qu'on avoit desia inventé cette calomnie contre ce Frere, & que M. Fiquepeau l'avoit destruite luy-mesme en des termes extrémement forts, & qui en découvrent assez l'imposture, les voicy. *Si vous avez des ennemis, ils devroient borner leur passion en vostre personne, sans me mesler dans leurs caquets, que ie hay comme le demon, & combattrois plustost avec luy qu'avec un imposteur, estant faux & supposé que i'aye jamais dit que M. N. ayt esté enfermé trois mois dans ma petite Cellule, & il n'y a point d'homme à qui ie n'en donne le démenty: que si i'ay tardé cinq, six, trois mois, sans aller à la Montagne, mes voyages de Flandres en sont la cause.* Ce n'est donc point que ce Frere ait manqué *de reconnoissance* pour M. Fiquepeau qu'il a esté quelque tems sans aller à l'Hermitage, mais comme il le dit encore dans une autre Lettre écrite de sa main, *c'est parce qu'il ne le pouvoit, puis qu'il estoit en Flandres.*

A l'égard des autres Cellules, que les Iacobins disent hardiment n'avoir point du tout esté r'accommodées, l'estimation qui a esté faite, par le mesme Architecte, des reparations de la Cellule du F. Firmin monte à 300. liu: & l'on est prest de iustifier ainsi, qu'il n'y a pas vne Cellule, où l'on n'ait fait quelque dépense considérable.

Aprés cela, qui ne voit avec combien de fondement on a avancé dans le premier factum [a] que M. le Cardinal de Retz n'a pû & n'a dû disposer, en faveur des Iacobins, des biens des Hermites du Mont-Valérien, & que cette seule injustice rend la donation qu'il a faite à ces Religieux entierement nulle & abusive? Quoy, vn Evesque dépouïllera qui il luy plaira dans son Diocéze, sans information, sans connoissance de cause, & sans aucune forme de Iustice? Il disposera avec vn *empire despotique* des biens, des sueurs, & du travail de ceux qui luy sont soûmis, & des Hermites, qui ont esté placez sur vne Montagne par son autorité, qui se sont privez de toutes choses, afin de joindre leurs épargnes aux aumosnes des Fidelles pour r'accommoder leur Hermitage, & le mettre en estat de fournir à ceux, qui viendroient aprés eux, les choses nécessaires à la vie: Ces Hermites, dis-je, auront *pû estre valablement & canoniquement* [b] chassez d'vn lieu, dont ils sont en possession depuis tant de Siecles, qu'ils ont cultivé infatigablement depuis tant de temps, & où ils ont consumé la force & la vigueur de leurs plus belles années?

On respond à cela 1. que *leur vie si peu reglée en est vne cause legi-*

a Fact. des Iacob. pag. 65. l. 10.

time & valable. a Mais outre qu'on les a pleinement iuſtifiez de tous ces deſordres preterdus : où eſt la moindre formalité de iuſtice qu'on ait gardée contre eux ? Quant a-t'on fait des plaintes de leur conduite ? devant quel tribunal les a t'on portées ? quand leur a-t'on donné des Iuges, ? Où ſont les informations que l'on a faites contr'eux ? Quels ſont les témoins qui ont eſté entendüs ? Quels efforts Son Eminence a-t'elle faits pour les renger à leur devoir avant que de recourir aux remedes extrémes ? Quoy parce que ces Religieux ſe ſont entierement conſacrez à la Solitude, & qu'ils ont renoncé à toutes les eſperances du Siecle, on les traitera avec plus de dureté & d'inhumanité qu'on ne fait les plus ſcelerats ; & vn Archeveſque exercera ſur eux vn empire & vne tyrannie qu'on ne ſouffriroit point dans les Iuges du Siecle ?

b pag. 61. l. 37. pag. 63. l. 28.

On reſpond en 2. lieu, *b qu'ils ont contribué à l'expulſion des Iacobins, & à la rebellion à l'Arreſt du Conſeil.* Mais quand cette expulſion & cette rebellion ne ſeroient pas abſolument fauſſes, comme on l'a déſja fait voir, *c* & comme on le prouvera encore plus au long, ſe peut-il rien de plus impertinent que de ſuppoſer que M.

c Dans le premier Factum, pag. 15. 16. 17. 54.

le Cardinal de Retz a chaſſé les Preſtres & les Hermites au mois de Fevrier 1662. pour des faits arrivez au mois de Novembre de la meſme année, c'eſt à dire neuf mois aprés que la donation de M. le Cardinal de Retz a eſté faite : & de mettre au rang des raiſons qui établiſſent la validité de cette donation prétenduë à l'égard des Preſtres & des Hermites, des crimes qu'ils n'ont pû commettre que neuf mois aprés qu'elle a eſté faite, & qu'il a abandonné en proye aux Iacobins, tout ce qu'ils poſſedoient. *Deſerti luce iuſtitiæ, & per hoc contenebrati quid pariant aliud quam opera*

d S. Aug. de nat. & grat. 23.

tenebrarum ? d Que peut-on attendre de ceux qui ſont abandonnez de la lumiere, de la verité & de la juſtice, & par conſequent laiſſez dans les tenebres, que des œuvres de tenebres ?

De la Lettre de Cachet, & de l'Agrément prétendu de leurs Majeſtez.

LEs Iacobins font vn uſage ſi eſtrange de la Lettre de Cachet qu'ils ont ſurpriſe le 8. Avril 1661, & déguiſent ſi artificieuſement leur conduite à cét égard, qu'on ſe croit obligé de l'expoſer aux yeux du public avec toute la ſincerité & toute la fidelité que l'on doit avoir dans les choſes, qui regardent les intereſts & la gloire de ſa Majeſté.

Pendant

Pendant que les Preſtres du Calvaire pourſuivoient au Parle-ment l'appel comme d'abus interjetté par M. le Royer de la Sen-tence & de l'Ordonnance de M. l'Official, dont il a eſté parlé dans le premier Factum, M. le Royer, M. Germain, & les Iacobins, qui eſtoient tous vnis dans le deſſein de perdre la Congrégation du Calvaire, travaillérent en Cour par eux & par leurs amis, à ſurprendre la religion de ſa Majeſté. Ils le firent avec tant de ſuc-cés, qu'ayant dreſſé vn Placet, qui fut r'apporté & préſenté au Conſeil par le R. P. Annat, ils obtinrent par ſurpriſe deux Lettres de Cachet le 8. Avril, ſous prétexte que *le Service Divin n'eſtoit pas fait avec la bien ſeance requiſe dans les Chappelles du Mont-Va-lerien, & qu'il eſtoit neceſſaire d'y pourvoir avant la Semaine ſainte qui eſtoit prochaine à cauſe des conteſtations, qu'ils ſuppoſoient eſtre entre les Preſtres, qui les deſſervoient.*

DE QVELLE maniere les Ia-cobins ont ſur-pris la Lettre de Cachet. *à pag. 10. & 11.*

Il eſt vray que dés que le Roy entendit parler de cette affaire, comme il a l'eſprit infiniment vif & pénétrant, il dit que cette maiſon eſtoit pour des Preſtres, & que ſi l'on y mettoit une fois des Religieux, on auroit de la peine à les en faire ſortir. Mais MM. les Prelats, qui eſtoient préſens à ce Conſeil, & qui euſſent bien pû repréſenter à ſa Majeſté, qu'il falloit r'envoyer cette af-faire à MM. les Vicaires généraux, ou les appeller eux-meſmes, ou faire venir le Superieur de la Congrégation, pour ſçavoir la ve-rité des choſes expoſées dans cette Requeſte, ſe contentérent, ſur la bonne foy de ces Religieux, d'aſſurer ſa Majeſté qu'elle ne devoit pas craindre d'eux cette infidelité, & qu'ils ſortiroient du Calvaire au moment qu'elle le leur ordonneroit, ou qu'on les obligeroit par les voyes de la juſtice de l'abandonner. Cela fut dit avec beaucoup d'éloges pour les Iacobins, & obligea le Roy à faire expedier, en leur faveur deux Lettres de Cachet, dont l'une eſtoit addreſſée au Prevoſt de l'Hoſtel, & l'autre au Pere Prieur des Iacobins de la ruë ſaint Honoré.

M. le Doyen de Noſtre-Dame en ayant eſté averty, alla trou-ver le Roy le lendemain neuviéme Avril, & luy dit, *qu'il avoit ap-pris que ſa Maieſté avoit donné un ordre pour faire ſortir les Preſtres du Mont-Valerien, & y eſtablir en leur place les Iacobins Reformez.* Oüy, dit le Roy en l'interrompant, *Mais c'eſt durant le procés ſeu-lement. Mais, Sire,* repartit M. le Doyen, *ſi ces Religieux-là eſtoient une fois dans ce lieu, il faudroit que voſtre Majeſté nous don-nai vn Regiment & du Canon pour les en faire ſortir. Vous dites vray,* re-prit le Roy, *je l'ay bien dit,* & en meſme temps il revoqua cet or-

COMMENT elle fut réuo-quée.

V

dre, & fit commandement à M. de Guénégaud de retirer ſes Lettres.

M de Guénégaud donna avis ſur l'heure à M. le Grand Prevoſt de retenir l'ordre qui luy eſtoit addreſſé, s'il luy eſtoit mis en main, juſqu'à ce qu'il en euſt parlé au Roy vne ſeconde fois : & le Dimanche des Rameaux, qui eſtoit le 10. Avril, à huit heures du matin, ayant veû ſa Majeſté, il en reçut vn nouveau commandement de retirer au pluſtoſt ſes Lettres de Cachet. M. de Guénégaud envoya M. Thonier ſon premier Commis, pour retirer d'entre les mains des Iacobins celle qui eſtoit addreſſée à leur P. Prieur ; mais ces Religieux vſérent inſolemment de divers artifices pour ne l'a pas rendre ; & aprés avoir dit tantoſt *que leur Regiſtre en eſtant chargé, ils ne la pouvoient pas rendre,* tantoſt *que celuy qui l'avoit n'y eſtoit pas,* ils éludérent enfin ce commandement, qui leur eſtoit fait de la part de ſa Majeſté, & retinrent la Lettre de Cachet, afin de pouvoir vn iour s'en ſervir, comme ils ont fait, pour ſe mettre en poſſeſſion de la maiſon du Calvaire.

En effet, ils n'eurent pas pluſtoſt ſurpris la donation prétenduë de M. le Cardinal de Retz, que n'ayant pû obtenir de ſa Majeſté de nouvelles Lettres, qui autoriſaſſent cette donation, & leur priſe de poſſeſſion, ils eurent recours à cette premiere Lettre de Cachet, qu'ils avoient ſurpriſe ſur de faux expoſez, & qu'ils avoient retenuë par vn mépris tout évident des ordres de ſa Majeſté ; & ſe mirent en poſſeſſion du Mont-Valérien, le 17. Mars 1662. en vertu de cette meſme Lettre de Cachet.

Mais parce que ſa Majeſté, en refuſant aux Iacobins de nouvelles Lettres de Cachet, leur dit qu'elle ne ſe meſleroit point de cette affaire ; & que s'ils pouvoient avoir quelque droict, en conſequence de ces proviſions, elle n'empeſcheroit point que la juſtice ne fuſt renduë : les Iacobins ſe ſont figurez, qu'ils pourroient faire paſſer ce refus de ſa Majeſté pour vn ordre verbal de ſe mettre en poſſeſſion de la Montagne par toutes les voyes que leur paſſion leur pourroit ſuggerer ; & c'eſt ſur cette ſeule imagination qu'ils fondent cette permiſſion, qu'ils ſuppoſent que ſa Majeſté leur a donnée de s'emparer pour iamais & à perpetuité de la maiſon des Preſtres, & de celle des Hermites.

LES FAVSSEtez que les Iacobins ont avancées touchant la Lettre de Cachet.

Voila l'hiſtoire veritable de la Lettre de Cachet, & de l'Agrément prétendu de ſa Maieſté, dont les Iacobins ſe vantent tant. Mais avant que de faire voir, qu'ils n'en peuvent tirer aucun advantage, & que cet Agrément eſt ſuppoſé, il faut faire obſerver de quels menſonges & de quelles impoſtures ils ſe ſont ſervis, ſelon leur couſtume, pour obſcurcir & déguiſer cette hiſtoire.

Ils diſent donc 1. que *le Roy ietta les yeux ſur eux, & les commit* *pour deſſervir le Mont-Valérien pendant la Semaine-Sainte.*

PREMIERE fauſſeté.

a pag. 21 l. 11.

Comme s'ils n'avoient pas prévenu eux-meſmes ſa Maieſté, par vn deſir criminel d'envahir les biens des Preſtres & des Her-mites: & comme ſi le Placet, qu'ils luy firent préſenter, & qui eſtoit plein de ſuppoſitions & de fauſſetez, n'a pas eſté ce qui a porté le Roy à leur donner cette Commiſſion prétenduë de deſ-ſervir le Mont-Valérien pendant la Semaine-Sainte. Il ſemble à entendre parler les Iacobins, que le Roy fuſt perſuadé qu'il n'y euſt qu'eux, entre toutes les Communautez Eccléſiaſtiques & Religieuſes qui ſont dans Paris, capables de ſolemniſer le Service Divin avec la bien-ſeance requiſe: ou que ſa Majeſté n'ait que ces bons Peres préſens à ſon Eſprit ; & qu'il n'y ait qu'eux qui méri-tent des marques de ſon eſtime & de ſa bienveillance.

Ils diſent 2. *qu'ayant reçû cet ordre du Roy, ils allérent trouver MM.* *les Vicaires généraux pour avoir leur Agrément.*[b]

DEVXIEME fauſſeté.

b pag. 21 l. 18.

Mais, outre que ce faict eſt entierement faux, comme on l'a ap-pris depuis peu de M. le Doyen meſme, à qui l'on a fait voir cet endroit de leur Ecrit, & qui a nié expreſſément qu'on luy eût ja-mais préſenté cette Lettre de Cachet, ny en particulier, ny en la Compagnie de M. de S. Severin ; les Iacobins ſe ſeroient bien paſſez de l'avancer; puis qu'il ne ſert qu'à faire voir, d'vn coſté, le mépris injurieux qu'ils ont fait des ordres de ſa Majeſté, n'ayant pas laiſſé, nonobſtant la révocation qu'elle avoit faite de ſa Lettre de Cachet, de s'en prévaloir pour ſurprendre l'agrément de MM. les Vicaires généraux ; & de l'autre coſté, le peu de reſ-pect qu'ils ont pour la dignité ſacrée des Eveſques, puis qu'au prejudice de l'autorité de M. l'Archeveſque de Paris, ils ont ſurpris vn ordre de ſa Majeſté, dans vne choſe purement Ecclé-ſiaſtique & de ſon reſſort, ſans luy en avoir donné aucune con-noiſſance, & ſans meſme l'avoir fait agréer auparavant à MM. les Vicaires généraux, dont ils ne peuvent pas révoquer en doute l'autorité en ce point, puiſqu'ils l'ont reconnuë eux-meſ-mes, en recherchant leur agrément, après avoir engagé le Roy par ſurpriſe, à bleſſer, comme ils en demeurent d'accord, l'auto-rité Epiſcopale.

Ils diſent, 3. *que MM. les Vicaires généraux ayant repreſenté au Roy* *que ſa Lettre bleſſoit l'autorité Epiſcopale, Sa Majeſté la reuoqua.*[c]

TROISIEME fauſſeté.

c pag. 11 l. 11.

C'eſt la ſeule conviction de leur crime, & de leur attentat contre l'autorité des Eveſques, qui les a fait parler de la ſorte, & qui
leur a fait mettre en la bouche de MM. les Vicaires généraux des
paroles beaucoup moins reſpectüeuſes, que celles dont M. le
Doyen ſe ſervit pour répréſenter à ſa Majeſté la ſurpriſe, que les
Iacobins luy avoient faite contre le reſpect qu'ils devoient à l'autorité de l'Egliſe. Il ſe contenta de luy dire: *qu'il ſe paſſoit beaucoup
de choſes dans le Diocéze qui concernoient ſa charge, ſur leſquelles ſi ſa
Majeſté avoit la bonté de le faire avertir, ou de le faire appeller, il luy
donneroit tout l'eclairciſſement, qu'elle pourroit ſouhaitter, ne ſortant
point de Paris: que cependant il avoit appris que ſa Majeſté avoit donné
vn ordre pour faire ſortir les Preſtres du Mont-Valérien, & y établir en
leur place les Iacobins*, & ce fut en cét endroit, où ſa Majeſté l'in-
terrompit, comme on a deſia veu vn peu auparavant. De ſorte que
ce ne fut point ſeulement *parce que cette Lettre bleſſoit l'autorité E-
piſcopale*, que ſa Majeſté la revoqua, mais encore parce que M. le
Doyen l'aſſura, qu'il y avoit pluſieurs bons Preſtres ſur la Montagne, qui y faiſoient le Service divin avec toute la bienſeance poſſible, & que le bon ordre y eſtoit r'étably, comme on verra enſuite
par le Certificat de M. Thonier.

a pag. 77.

QVATRIEME
fauſſeté.
b pag. 21. l. 23.
& 25.

Ils diſent 4. *que ſi la Lettre de Cachet n'a point eſté rendüe, c'eſt
parce que jamais on ne l'a redemandée.* b

c pag. 11.

Il faut vne eſtrange témérité pour nier ainſi hardiment vn faict,
que l'on a eſtably dans le premier Factum par les propres paroles du Certificat de M. de Guénégaud Secretaire d'Eſtat. On le
r'apportera icy tout entier, puiſque les Extraicts ne ſervent, qu'à
rendre les Iacobins encore plus inſolens.

CERTIFICAT
de revocation
de la Lettre de
Cachet.

*Nous Conſeiller du Roy en tous ſes Conſeils, Secretaire d'Eſtat & de
ſes Commandemens, Certifions à tous qu'il appartiendra* AVOIR RE-
ÇV COMMANDEMENT DE SA MAJESTE' DE RETIRER, DE'S LE
9. AVRIL DE L'ANNE'E 1661, LA LETTRE DE CACHET, *& les
ordres qu'elle avoit octroyez le jour précédent aux Religieux Iacobins Réformez du Convent de S. Honoré, pour aller au Mont-Valérien*, & QVE
L'INTENTION DE SA MAIESTE' ESTOIT, QVE CE QV'ILS CON-
TENOIENT N'EVST AVCVN EFFET, *en conſequence dequoy nous reti-
raſmes dés-lors l'ordre qui eſtoit adreſſé au Lieutenant de la Prevoſté de
l'Hoſtel, pour l'execution de la Lettre de Cachet. Mais pour le regard de
la Lettre*, QVE LES DITS RELIGIEVX NE VOVLVRENT POINT
RENDRE, SVPPOSANT QV'ILS L'AVOIENT ESGARE'E, *ils nous pro-
mirent de nous la rendre, aſſés qu'ils l'auroient pû recouvrer. En témoin dequoy*

*quoy nous avons signé le present Certificat, A Paris le 15. Mars 1663.
Signé,* DE GVENEGAVD.

En verité, ne faut-il pas avoir perdu le sens commun, pour oser avancer qu'*on n'a jamais redemandé* cette Lettre de Cachet, aprés qu'vne personne du merite, & de la qualité de M. de Guenegaud atteste luy mesme, que les Iacobins *ne la voulurent point rendre, supposant qu'ils l'avoient égarée.*

Ils disent 5. qu'*à l'égard de la Lettre qui estoit addressée au P. Prieur, M. Thonier luy ait qu'il l'a gardast, & qu'elle luy serviroit d'vn titre.*

Ce faict n'est pas moins faux que les autres; Car on a en main vn Certificat du mesme M. Thonier, par lequel il est constant, qu'il fit toutes les Instances possibles, pour obliger les Iacobins à rendre cette Lettre de Cachet, bien loin de leur avoir conseillé de la garder, comme ils ont fait contre les ordres & les intentions de sa Maiesté. Voicy comme il raconte luy-mesme ce faict d'vne maniere toute differente de celle des Iacobins.

CINQVIE'ME fausseté. a pag. 21. l. 30.

I E sous-signé Premier Commis de Monseigneur du Plessis, Conseiller Sécrétaire d'Estat & des Commandemens du Roy, déclare que sur la priere qui m'a esté faite par les Superieur, & Hermites du Mont-Valérien, de dire ce qui se passa entre les Religieux Iacobins du Conuent de saint Honoré & moy, le jour que Monseigneur du Plessis me commanda de leur aller demander, de la part du Roy, la Lettre de Cachet & l'Ordre qu'ils avoient obtenu pour aller seulement faire le Service au Mont-Valérien pendant la Semaine sainte, IE LEVR FIS ENTENDRE EN TERMES EXPRE'S, QVE SA MAIESTE' VOVLOIT, QV'ILS RENDISSENT CES ORDRES, PARCE QV'AYANT APPRIS LE FAIT AVTREMENT, QV'IL NE LVY AVOIT ESTE' REPRESENTE', ELLE LES AVOIT REVOQVEZ: *qu'on m'avoit envoyé exprés par-devers eux pour les retirer de leurs mains, & pour leur dire qu'en cas de refus, on alloit faire l'Expedition nécessaire pour rendre cette révocation & leur désobeyssance publique : Qu'ils devoient considerer le scandale que cela produiroit, & le préjudice qu'en recevroit leur Maison; Qu'ils y pensassent serieusement & promtement, parce que la nuit approchoit, & que ie n'avois point de tems à perdre. Ils se retirérent, me priant d'avoir un peu de patience; & aprés avoir deliberé en particulier sur la réponse qu'ils avoient à me faire, & m'avoir demandé si ie ne pouvois pas leur ayder en ce rencontre à leur donner un conseil d'amy sur ce qu'ils avoient à faire : Ie leur repartis que je n'en sçavois point d'autre, que celuy que je venois de leur donner, d'obeyr promtement à ce que le Roy desiroit d'eux. Et voyant qu'ils n'en pou-*

CERTIFICAT de M. Thonier, premier Commis de M. de Guénégaud.

X

voient pas uſer autrement ſans blaſme, ils me rendirent l'Ordre ad-
dreſſé à l'Exemt de la Prevoſté de l'Hoſtel pour aller faire leur eſta-
bliſſement. Et quant à la Lettre de ſa Majeſté au Prieur, que ie de-
vois emporter en meſme tems, ILS ME DIRENT NE LA POVVOIR
RENDRE A L'HEVRE MESME, PARCE QVE LE PRIEVR QVI ESTOIT
AVX CHAMPS, L'AVOIT EMPORTE'E. ET D'AILLEVRS QV'AYANT
ESTE' ENREGISTRE'E DANS LEVRS REGISTRES, IL ESTOIT DE LA
BIENSEANCE QV'ELLE LEVR DEMEVRAST. *Ie fis mon poſſible pour*
les perſuader de n'obeir pas à demy : Ie leur repréſenté encore, que la
Lettre eſtant relative à l'Ordre de l'Exempt, l'une eſtoit inutile ſans
l'autre, & que quoy qu'il leur fuſt plus honteux d'inſerer dans leurs
Regiſtres une choſe qui avoit eſté deſapprouvée, que de la rendre, ſa
retention ne laiſſeroit pas d'avoir une interpretation fâcheuſe, ny de
produire un mauvais effet pour eux. C'eſt ce que je certifie eſtre verita-
ble. A Paris, ce 26. iour d'Avril 1664. Signé, T H O N I E R.

Voila comme M. Thonier a dit au P. Prieur des Iacobins *de*
garder cette Lettre de Cachet, & qu'elle luy ſerviroit d'un titre ; mais
pluſtoſt, voila comme ſes ſages remonſtrances ne pûrent rien ſur
l'Eſprit de ces Religieux : voila comme ils n'ont point apprehen-
dé de rendre leur deſobeïſſance publique : & voila enfin comme
ils n'ont point fait de difficulté de deffendre le mépris qu'ils ont
fait des ordres de ſa Maieſté, par des menſonges & des impoſtures
qui les rendent encore plus criminels; *Car lequel des deux eſt le plus*
impie, dit S. Bernard, *ou de celuy qui fait profeſſion ouverte d'impieté, ou*
de celuy qui ſe cache ſous l'apparence d'une ſainteté feinte & ſimulée ?
N'eſt-ce pas celuy qui ajouſtant le menſonge à l'impieté, ſe rend par là
doublement coupable d'impieté ? Quis enim magis impius an profitens
falſitatem, an mentiens bonitatem ? nonne etiam is qui mendacium
addens geminat impietatem?

Ce ſeroit aſſez d'avoir découvert au public les déguiſemens &
les fauſſetez, que les Iacobins ont avancées touchant la Lettre de
Cachet de ſa Majeſté, qu'ils ont ſurpriſe, & il ne faudroit point
s'arreſter encore à faire voir qu'elle ne leur donne aucun droit,
aprés ce que l'on en a dit dans le Factum des Preſtres & des Hermites, *a* ſi l'on pouvoit ajouſter quelque foy aux paroles de ces
Religieux ; car ils avoüent franchement dans cét Ecrit *b* qu'ELLE
EST A PRESENT INVTILE. Mais comme il y a tres-peu
d'apparence qu'ils abandonnent ſincérement un moyen, ſur lequel ils ont toûjours appuyé leurs injuſtes prétentions, il faut
achever de leur oſter toutes les eſperances qu'ils ont euës de con-

ferver ce titre *inutile*, par cette déclaration feinte & fimulée. En effet, fi la Lettre de Cachet, qu'ils ont furprife, eftoit *inutile* pour fe maintenir dans cette injufte poffeffion, pourquoy ont-ils toûjours appuyé obftinément certe mefme poffeffion, fur cette mefme Lettre de Cachet?

Pourquoy dans l'éclairciffement qu'ils donnérent au public fur cette prife de poffeffion, ont-ils étably *pour une vérité conftan-* [a pag. i. l. 12.] *te, qu'ils ont pris poffeffion du Mont Valerien en vertu d'une Lettre de Cachet?*

Pourquoy dans la Requefte qu'ils préfentérent au Confeil pour obtenir l'Arreft de Reintegrande, expoférent ils en termes formels, *qu'en confequence d'un Ordre de fa Majefté par écrit, ils s'en feroient mis en poffeffion?*

Pourquoy enfin dans des *obfervations fommaires* qu'ils ont fait paroiftre *fur ce qui s'eft paffé en l'éxecution de cét Arreft du Confeil,* [b pag.] aprés avoir avancé *qu'on ne peut point douter que leur prife de pof-feffion ne foit legitime & Canonique, eftant faite en vertu . . . de la permiffion du Roy,* prouvent-ils que *ce fait* qui regarde la Permiffion du Roy, *eft conftant par la Lettre de Cachet de fa Maiefté?*

Si cette Lettre de Cachet eftoit I N V T I L E, & fi la conviction que les Iacobins ont euë du peu de droit qu'elle leur dónoit fur la Montagne, les a portez, comme ils difent eux-mefmes, *à re-* [c pag. 82. l. 12.] chercher de nouveau *l'agrémens de fa Maiefté* : ont-ils pû fans un attentat criminel contre cette mefme Majefté, & contre la Iuftice, fe fervir depuis ce tems-là de cette Lettre de Cachet pour *prendre poffeffion de la Montagne?* Ont-ils pû s'emparer des biens des Preftres & des Hermites, *en vertu de cette Lettre de Cachet?* Et ont-ils pû furprendre *en confequence de cet Ordre de fa Maiefté par écrit*, un Arreft du Confeil, qui a eû des fuites fi funeftes & fi tragiques.

Cette Lettre de Cachet n'eftoit-elle donc VTILE aux Iacobins, & ne l'ont-ils retenuë avec tant d'infolence contre les ordres exprés de Sa Majefté, que pour fervir de prétexte à leurs injuftices; que pour furprendre la religion du Confeil; que pour tromper tout le monde; que pour couvrir du nom & de l'autorité du Roy leurs plus grands excés, & leurs plus injuftes violences?

Car enfin, il ne faut point d'autres preuves que *ce fut par vn pur mépris de l'autorité Royale*, que les Iacobins ne rendirent point cette Lettre, que de confiderer, que malgré la Déclaration qu'on leur fit de la part de fa Majefté, *que fon intention eftoit, que ce qu'elle* contenoit n'euſt aucun effet, ils n'ont pourtant pas laiſſé de s'en ſervir juſqu'à preſent dans toute la ſuite du procés, & de la produire par tout côme vn titre *en vertu duquel ils ſe ſont mis en poſſeſſion de la Montagne,* & ils s'y peuvent maintenir. Car c'eſt vne marque convaincante que dans le temps meſme qu'on leur declara, que *l'intention de ſa Majeſté eſtoit qu'elle n'euſt aucun effet,* ils conçurent le deſſein de la conſerver & de la retenir, afin *qu'elle leur ſerviſt de titre,* comme ils ſe le font dire eux-meſmes *a* par M. Thouier, qui n'y penſa jamais. Peut-on aller plus ouvertement contre les intentions de ſa Majeſté ? Peut-on mépriſer plus inſolemment les ordres du Souverain ? Peut-on faire vn mépris plus viſible de ſon autorité ?

a pag. 11. *l.* 4.

Si c'eſt donc de bonne foy que les Iacobins ont declaré dans cét Ecrit que LA LETTRE DE CACHET EST INVTILE, qu'ils avoüent franchement qu'ils ſe ſont juſqu'à preſent moquez de tous les tribunaux, devant leſquels ils l'ont alleguée, comme vn des titres ſur leſquels ils appuioient leur vſurpation; qu'ils reconnoiſſent qu'ils ont ſurpris maliciéuſement l'Arreſt du Conſeil, en ſuppoſant fauſſement qu'on les avoit chaſſez d'vne poſſeſſion, qu'ils avoient priſe *en conſequence d'vn ordre de ſa Majeſté par Ecrit;* Enfin, qu'ils confeſſent qu'ils ſont des fourbes, & des impoſteurs, & que c'eſt d'vne conduite ſemblable à la leur, que l'on doit dire avec le Prophete Roy, *Hæc via illorum ſcandalum ipſis.* *b*

b Pſ. 48. 14.

SVPPOSItion de l'ordre verbal de ſa Majeſté.

Quant à l'ordre verbal de ſa Majeſté, on ſouſtient que c'eſt vne ſuppoſition toute évidente de dire que ſa Majeſté leur ait *permis de ſe mettre en poſſeſſion pour jamais & à perpetuité du Mont-Valerien.* *c* Le refus qu'elle a fait de leur accorder de nouvelles Lettres de Cachet en eſt vne preuve tres-convaincante: & c'eſt l'effet de la derniere inſolence de prétendre, que ſa Majeſté leur ait permis de vive voix vne choſe qu'elle leur a déniée abſolument par écrit; comme ſi la parole des Roys n'eſtoit pas auſſi ſacrée, auſſi juſte, & auſſi inviolab'e, que leur ſignature.

c Faét. des Iacob. pag. 23 *l.* 12. *et* 15

Ce n'eſt donc point dans la Declaration que ſa Majeſté leur puſt faire, qu'elle n'empeſcheroit point qu'on ne fiſt juſtice, ny qu'ils s'eſtabliſſent ſur la Montagne, s'ils y avoient quelque droict, qu'il faut chercher l'intention de ſa Majeſté ſur ce poinct; puiſque ces paroles, qu'ils veulent faire paſſer pour vn *ordre verbal de s'eſtablir ſur la Montagne pour touſieurs,* ne favoriſent en rien cette injuſte pretention; & qu'au contraire elles conſervent aux Preſtres du Calvaire tout leur droict, puis qu'ils ont toute la juſtice de leur coſté,

cofté. Mais c'eft dans les Lettres Patentes données en 1650. par lefquelles il eft évident, que fa Majefté veut, que les Preftres du Calvaire JOVISSENT PLEINEMENT, PAISIBLEMENT ET PERPE-TVELLEMENT des Lettres de Confirmation qu'elle leur a données pour l'établiffement de leur Congrégation, & que MM. de la Cour *faffent ceffer tous les empefchemens qui fe prefenteroient au contraire.* Car il eft évident par ces mots, que l'intention de fa Majefté eft, que la Cour s'oppofe fortement aux injuftes entreprifes des Iacobins ; qu'elle reprime par l'équité de fes Arrefts, l'infolence avec laquelle ces Religieux ont voulu détruire vn eftabliffement que fa Maiefté a iugé tres-vtile à fon Eftat, & qu'elle a voulu rendre par fes Lettres FERME ET STABLE A TOVSJOVRS ; & qu'elle puniffe felon la rigueur des Loix, cét attentat commis contre l'approbation & l'agrément folemnel, que fa Maiefté a donné dans fes Lettres a la Congrégation du Calvaire.

Car enfin qui a-t'il de plus digne des Iacobins, mais auffi de plus indigne de fa Maiefté, que de luy attribuër d'avoir agreé qu'ils s'eftabliffent *pour iamais & à perpetuité fur le Mont-Valerien,* aprés que fa Maiefté a declaré fi folemnellement qu'elle agréoit & confirmoit *pour touſiours* l'établiffement des Preftres du Calvaire fur cette Montagne. *Nous avons agreé*, dit le Roy, [a] *Approuvé & confirmé.* AGREONS, APPROVVONS ET CONFIRMONS, *l'iſtabliſſement deſdits Preſtres du Calvaire en ladite Montagne, dite Valerien, enſemble les Statuts de ladite Congregation... Si donnons en mandemens à vos ameʒ & feaux Conſeillers &c. que ces preſentes nos Lettres de Confirmation ils faſſent lire, publier, & regiſtrer, & du contenu en icelles* IOVIR LESDITS PRESTRES PLAINEMENT, PAISIBLEMENT ET PERPETVELLEMENT, FAISANS CESSER TOVS IMPESCHEMENS AV CONTRAIRE. *Et afin que ce ſoit choſe* FERME ET STABLE A TOVIOVRS, *Nous avons, &c.*

Ces premieres paroles *Agréons, approuvons, & confirmons* font tres-confiderables ; car elles marquent que les volontez des Roys font invariables ; qu'elles fubfiftent touſiours ; & qu'elles font en cela conformes à celles de Dieu mefme, dont ils font les images,& dôt S.Paul dit [b] que *les dons ſont ſans repentir.* Que s'il arrive des changemens, ce n'eft pas dans les volontez des Princes, qui ne changent iamais dans ce qu'ils ont une fois iugé propre pour la gloire de Dieu & pour le bien de leurs Peuples ; mais dans les chofes, ou qui n'ont iamais efté telles qu'on les a expofées à leurs Majeftez, ou qui fe font changées ou corrompuës

[a] *Dans ſes Lettres Patentes veriſiées en Parlement le 13. Decembre 1650.*

[b] *Rom.* 11. 29.

d'elles-mefmes dans la fuite du tems. De forte que la Congrégation du Calvaire n'ayant iamais efté dans un meilleur eftat qu'elle eftoit, lorsque les Iacobins s'en emparérent, l'agrément &
l'approbation folemnel que fa Maiefté luy a donné fubfifte rou-
iours : & l'on n'a pú fuppofer que le Roy ait agreé l'eftabliffement
des Iacobins pour toufiours fur la Montagne, fans bleffer le refpect que l'on doit à la volonté qu'il a euë que celuy des Preftres
du Calvaire fuft *firme & ftab'e à toufiours*, aprés avoir vfé de fauf-
fetez & de menfonges pour furprendre fa Maiefté.

Car Dieu a permis que les Iacobins eux-mefmes fe foient vantez ᵃd'avoir obtenu cét agrément prétendu par les mefmes voyes,
par lefquelles ils avoient obtenu la Lettre de Cachet, qui fut re-
voquée tout auffi-toft ; & qu'ils ayent declaré que *la mefme divifion*, qu'ils avoient fuppofée l'année précedente eftre entre les
Preftres du Calvaire, *a efté encore le motif de cet ordre verbal*; quoy
qu'il n'y ait rien de plus conftant, qu'il n'y avoit pas fur la Montagne la moindre ombre de divifion au temps qu'ils fuppofent
avoir obtenu cét ordre verbal ; & que M. le Royer ayant efté exclu de la Congrégation, elle eftoit alors dans une parfaite tranquillité.

Pour ce qui eft de l'Agrément prétendu des Reines , duquel
les Iacobins fe flattent, ᵇ parce qu'elles ont vifité le Calvaire depuis qu'ils y font eftablis, il eft bien étonnant que ces Religieux
ozent prendre les exercices de pieté de leurs Maieftez, pour des
marques de l'Approbation qu'elles donnent à leurs injuftices, aprés
la declaration que la Reine Mere fit hautement au P. Bazin Iacobin en préfence de toute fa Cour. Car ce Pere ayant eû la hardief-
fe de luy dire, qu'il tiroit vn bon augure pour leur établiffement
fur la Montagne, de ce que fa Majefté leur faifoit l'honneur de
les vifiter, fa Majefté luy ferma la bouche, en luy refpondant
qu'ils ne fiffent aucun fondement fur fon pelerinage ; qu'elle n'e-
ftoit venuë fur la Montagne que pour prier Dieu ; & qu'il falloit
laiffer agir le Parlement, qui eftoit le Iuge de cette affaire.

Cette fage Princeffe ne fe contenta pas de témoigner par fes paroles aux Iacobins, qu'elle ne vouloit point autorifer leur conduite par fa venüe : mais elle fit paroiftre publiquement combien
elle blâmoit leur entreprife , refufant de manger dans la maifon
du Calvaire, où les Iacobins luy avoient fait préparer la Colla-
tion, & aimant mieux defcendre au pied de la Montagne , où elle
fe l'eftoit fait aprefter par fes Officiers.

En effet, la Reyne Mère est trop éclairée, & trop équitable, pour ne pas garder dans ces rencontres le temperamment que S. Bernard *a* écrivant à Thibaut Comte de Champagne, dit, que les Souverains doivent garder *dans les occasions, où la faute semble si publique & si inexcusable, que l'on ne peut exercer la clemence sans affoiblir la justice:* & l'on peut dire avec le mesme S. Bernard, dans vne Lettre qu'il écrivit à la Princesse Sanchie, Sœur d'Alphonse Roy d'Espagne, pour la porter à deffendre de ses Disciples qu'il avoit envoyez en Espagne, & que quelques Religieux avoient troublez dans leur establissement, avec aussi peu de raison, que les Iacobins ont fait les Prestres du Calvaire dans le leur: que sa Maiesté *craint trop Dieu* pour *souffrir* que les Iacobins *empeschent vn si grand bien* ; que par leur vsurpation, le feu Roy son Epoux *soit frustré du desir* qu'il a eû d'establir *pour tousiours* sur le Mont-Valérien, la Congrégation des Prestres du Calvaire ; que les Prestres qui ont suivy & secondé les mouvemens de la pieté de ce grand Prince, *soient privez du fruit de leur devotion & de leur zéle* ; *& qu'enfin Dieu perde le Sacrifice, qui luy est si agréable, d'vne institution qui est tres-sainte & tres-pure,* & qui s'est sentie si fort obligée aux bontez du feu Roy, & à celles de la Reyne Mère, qu'elle met entre les principales obligations des membres qui la composent, celle d'offrir à Dieu des veux & des sacrifices pour leurs Majestez, comme il est évident par le 15. Statut, *c* qui leur ordonne des *prieres publiques aux iours de Dimanches & des Festes solemnelles, & des prieres particulieres dans tous leurs exercices spirituels pour le Roy, la Reyne & la tranquillité du Royaume.*

a Ep. 37.

b Ep. 301.

c In singulis Dominicis & festis solemnibus & in aliis exercitiis spiritualibus, oratio fiet pro Rege, Regina & Regni tranquillitate.

De la prise de possession des Iacobins.

APrés avoir fait voir la supposition, l'abus & la nullité de la donation prétenduë de M. le Cardinal de Rets; aprés avoir forcé les Iacobins d'abandonner la Lettre de Cachet du Roy, sur laquelle ils avoient eû la témérité jusqu'à present d'appuyer leurs injustes prétensions, & les avoir contraints d'avoüer qu'*elle est à present inutile* ; enfin aprés avoir monstré la supposition toute évidente de l'ordre verbal de sa Majesté, dont ils se vantent insolemment, il ne seroit point nécessaire de combattre davantage leur prétenduë prise de possession, puis que tous les fondemens, sur lesquels ils l'ont appuyée, estant renversez, il faut nécessairement qu'elle tombe par terre, & qu'ils reconnoissent qu'elle est entierement nulle & abusive.

Mais, ſuppoſé que la donation de M. le Cardinal de Retz, & que la Lettre de Cachet leur donnaſſent quelque droiƈt ſur la Montagne ; on ſoûtient que les voyes, par leſquelles ils s'en ſont emparez, & les excés & les violences qu'ils ont commiſes dans cette uſurpation, ſuffiſent pour détruire tout le droiƈt, qu'ils prétendent avoir ſur la maiſon des Preſtres & des Hermites en vertu de cette priſe de poſſeſſion : & c'eſt ce qu'il faut faire voir, 1. en répondant aux raiſons, dont ils ſe ſont ſervis *a* pour luy donner quelque couleur & quelque apparence de juſtice, 2. en juſtifiant tous les faits que l'on a avancez dans le premier Factum, *b* pour montrer par quelles voyes ils ſe ſont emparez du Mont-Valérien.

a pag. 25. & 26.

b Depuis la page 4. iuſques à la p. 24.

On répond aux Raiſons ſur leſquelles les Iacobins ont appuyé dans leur nouvel Ecrit leur priſe de poſſeſſion

c pag. 25. l. 39. & 40. p. 26, l. 1.

ILs diſent 1. que *quand leur prétention auroit eſté douteuſe, ils avoient touſiours droit de ſe mettre en poſſeſſion aprés l'ordre du Roy & les Proviſions du Collateur.*

Il eſt vray que ſi ces deux titres euſſent eſté veritables, & qu'ils n'euſſent pas eſté auſſi évidemment ſuppoſez, que la qualité de *Collateur* eſt imaginaire en la perſonne de M. le Cardinal de Retz à l'égard des maiſons des Preſtres & des Hermites, ils euſſent pû donner quelque droit aux Iacobins de ſe mettre en poſſeſſion, mais en une poſſeſſion de droit, & non pas de fait & de violence, comme celle qu'ils ont priſe malgré l'oppoſition des Preſtres du Calvaire, & malgré leurs proteſtations. S'ils euſſent donc ſuivy *les maximes généralement pratiquées,* & l'eſprit de la douceur & de la modération Chreſtienne, ils ſe fuſſent retirez dans leur Convent, & euſſent laiſſé les Preſtres dans leur maiſon & dans leur Egliſe y faire leurs fonƈtions ordinaires, juſques à ce que leur oppoſition eût eſté iugée, ſans les mettre dehors par un attentat contre toutes les Loix Eccléſiaſtiques & Civiles.

d pag. 26. l. 6.

Ils diſent, 2. qu'*on jouyt dés qu'on a un titre qui n'eſt donné que pour cela.*

Cette propoſition eſt équivoque, & ſe trouve vraye dans quelques circonſtances, & fauſſe en d'autres, telles que ſont celles dans leſquelles les Iacobins prétendent avoir pû jouyr du fruit de leur uſurpation. Car il eſt certain, qu'on jouït d'un benefice dés que l'on a un titre pour en iouyr, lors que ce benefice n'eſt pas rempli, qu'il n'y a perſonne, qui le deſſerve, qui y ſoit intereſſé,

intereſſé , & qui ait mis oppoſition à la priſe de poſſeſſion. Mais il eſt faux, que lors qu'il y a vne perſonne, qui eſt dans vne poſſeſ-ſion actuelle d'vn benefice depuis long-temps, & qui l'a toûjours deſſervy; Celuy qui a quelque droict ſur ce benefice en vertu d'vn titre qu'il a acquis, en puiſſe jouïr au préjudice de celuy, qui le poſſedoit auparavant, & qui s'eſt oppoſé à ſa priſe de poſſeſſion. Car alors le titulaire prétendu *doit attendre patiemment la déciſion* de cette oppoſition, *& ne ſe pas faire juſtice à ſoy-meſme par force ny par violence*, comme les Iacobins ont fait ; & la iouïſſance & la poſſeſſion ne peut eſtre oſtée à celuy qui deſſervoit le benefice, que par vne Sentence & par vn Arreſt ; d'où vient que ſelon la maxime du droict, que les Iacobins avoüent a eſtre receuë & ᵃ pag. 33. l. 14. *pratiquée generalement : avant toutes choſes on doit reſtituër celuy qui a eſté dépoüillé.*

Il eſt donc conſtant que les Iacobins n'avancent rien pour ju-ſtifier leur prétenduë priſe de poſſeſſion, qui ne la ruine entiére-ment, & qui n'en faſſe voir évidemment l'abus, & la nullité ; puis qu'ils n'ont pû au préjudice des Preſtres du Calvaire, qui eſtoient depuis plus de trente années en poſſeſſion de la Montagne, & au préjudice des Hermites qui en eſtoient en vne poſſeſſion immé-moriale, s'emparer de leurs maiſons, & s'y établir, devant que d'avoir fait lever l'oppoſition que les Preſtres & les Hermites avoient faite à cette prétenduë priſe de poſſeſſion : & il ne faut point d'autre preuve de la ſurpriſe de l'Arreſt du Conſeil, que de ce qu'il a ordonné qu'ils ſeroient r'eſtablis dans cette maiſon contre *la diſpoſition canonique, par laquelle avant toutes choſes, on doit reſtablir ceux qui ont eſté dépoüillez.* Car c'eſt vn abus manifeſte d'appliquer cette maxime à des Vſurpateurs tels que les Iacobins, & de tourner contre les legitimes poſſeſſeurs vne regle, qui a eſté faite pour leur deffenſe & la conſervation de leurs droicts.

On ne peut donc rien dire de plus favorable pour *juſtifier la* priſe de poſſeſſion des Iacobins, que ce que leur P. Loüis avoüa le 29. Octobre 1662. à M. le Préſident Larcher, qui eſtoit ve-nu ſur la Montagne, accompagné de M. le Camus Procureur général à la Cour des Aydes, & d'vne autre perſonne de qualité. Car ces Meſſieurs ſe promenant dans le clos de Calvaire, M. le Préſident Larcher demanda au P. Loüis, qui les y vint trouver, *Comment ils eſtoient dans cette maiſon, & qui les y avoit mis ? Nous en avons pris poſſeſſion,* répondit le P. Loüis, *en vertu d'vn titre de M. le Cardinal de Retz ; Quand cela ſeroit ainſi,* reprit M. le Préſident

Larcher, *vous ne deviez pas vous emparer de cette maison-cy au préjudice des Prestres, qui y estoient, & qui avoient fait opposition à vostre
prise de possession. C'estoit à vous à la faire lever, & à vous retirer iusqu'à
ce qu'elle fust iugée. Cela est certain*, répondit le P. Loüis, *mais si
nous en eussions vsé de la sorte, nous n'y fussions jamais entrez. Vous dites vray*, Mon Pere, repliqua M. le President Larcher, *mais aussi
vous n'en fussiez jamais sortis, & je ne voudrois pas avoir fait ce que
vous avez fait.* Le P. Loüis vit bien qu'il en avoit un peu trop dit,
& que sa bouche avoit trahy son cœur, & découvert le motif véritable, qui les avoit poussez à chasser du Mont-Valérien les Prê-
stres & les Hermites contre toutes les Regles.

Mais quand le P. Louys n'auroit point découvert dans ce peu
de paroles la Politique des Iacobins, toutes leurs actions l'ont
fait assez connoistre ; & il ne faut pas estre fort subtil, pour s'ap-
percevoir que ces Religieux, voyant bien qu'ils ne s'établiroient
jamais dans ces maisons que par la force & par la violence, &
qu'il leur seroit impossible de les arracher d'entre les mains de
leurs legitimes possesseurs par des voyes legitimes, ont crû
que pour s'en rendre les Maistres, il ne falloit que rendre les Prêtres & les Hermites appellans & demandeurs; que les ayant chassez de leurs maisons, ils n'auroient plus dequoy subsister ny se
deffendre contre eux en Iustice ; & qu'enfin ils feroient tant par
leurs amis, leurs intrigues, & leurs chicanes, qu'ils rendroient ce
procés, & leur usurpation eternelle.

Voilà ce qui a porté les Iacobins à s'emparer du Mont-Valérien par des voyes si étranges & si irreguliéres : Voilà ce qui leur
a fait prendre les armes en main pour en chasser les Prestres & les
Hermites : & voilà la cause funeste de tous ces excés, de toutes
ces injustices, & de toutes ces violences par lesquelles ils s'y sont
establis, & prétendent s'y maintenir : comme si ces mesmes excés, ces mesmes injustices, & ces mesmes violences ne les en
rendoient pas indignes, & ne donnoient pas droit aux Iuges
de leur addresser ces paroles terribles d'un Prophete, qui
voyant que les Iuifs s'appuyoient sur leur multitude, & sur le
don que Dieu mesme leur avoit fait de la Iudée, leur declara que
leurs violences & leurs injustices les en rendoient indignes. *Qui
in sanguine comeditis*, leur dît ce Prophete, a *& oculos vestros leva-
tis ad immunditias vestras & sanguinem funditis, numquid terram
hereditate possidebitis ? stetistis in gladiis vestris, fecistis abomina-
tiones, & terram hereditate possidebitis ?*

a Ezech. 33. 25.

On juſtifie plus amplement les faits, qui ont eſté avancez dans le premier Factum, touchant les intrigues des Jacobins avec M. le Royer devant leur priſe de poſſeſſion.

LEs Iacobins ont crû, que pourveu qu'ils traitaſſent de *ca-lomnies* les veritez les plus conſtantes, ils ſe ſeroient pleinement *juſtifiez devant le vulgaire & la multitude*, pour laquelle ils proteſtent *a* qu'ils ont voulu écrire; iugeant bien que les perſon-nes éclairées ne ſe laiſſeroient pas ſi aiſément ſurprendre à cette hardieſſe & à cette effronterie avec laquelle ils ont entrepris dans leur Ecrit de nier les choſes les plus certaines. Car à voir la maniere avec laquelle ils ont déguiſé toutes choſes, il ſemble qu'ils ayent pris à taſche de dire indifferemment le contraire de ce qu'on a avancé dans le premier Factum : & que ne croyant point qu'il y eût de ſeureté pour eux que dans le menſonge & dans l'impoſture, ils ayent fait une eſtude particuliere de ne rien mettre, qui ne bleſſât ouvertement la verité. Il faut donc achever d'éclaircir les faits les plus importans, qu'ils ont taſché d'obſcurcir; & monſtrer qu'on n'en a avancé aucun, qu'on ne fuſt preſt, comme on l'a déclaré *b* de iuſtifier par les informations & les ,, procés verbaux qui en ont eſté dreſſez, & par les dépoſitions ,, d'vne foulle de témoins irreprochables.

Et pour commencer par les artifices honteux, dont les Iacobins ſe ſont ſervis pour s'emparer du Mont-Valérien, on ne veut pour les en convaincre que la maniere meſme, dont ils s'en juſtifient. *c* Car y a-t'il rien de plus ridicule, que de vouloir nier, *qu'ils ſe ſoient ſervis de M. le Royer pour obtenir le Mont-Valérien*, & qu'ils ayent fait vn traitté avec luy pour s'en emparer, parce que, diſent-ils, *M. André Baillu, du conſentement de M. Iean le Royer, vendit le Mont Valérien le 6. Fevrier 1657. & que cette vente fut ſans exécution?* M. Baillu a traitté du Mont-Valérien avec les Picpuces : donc M. le Royer ne l'a pas voulu vendre aux Iacobins. *M. le Royer a conſenty à ce traitté de M. Baillu en* 1657: donc il n'a pas pû devant ce temps-là, & encore depuis, la vendre aux Iacobins. Ce traitté de M. Baillu *fut ſans execution par la reſiſtance de M. le Doyen de Noſtre-Dame*, ſans le conſentement duquel M. Baillu avoit déclaré qu'il ne vouloit point traitter avec les Picpuces : donc M. le Royer, voyant que ce traitté n'avoit pû s'executer, par la ſage reſiſtance de M. le Doyen, n'a pas pû en faire un autre avec les Ia-

a pag. 89. l 26.

b Dans le premier Fact. pag. 3. l. 32.

INTRIGVES des Iacobins avec M. le Royer pour s'emparer du Mont.Valérien

c Dans la Réponſe aux premieres calomnies. p. 75. d pag. 76. l. 14.

cobins, fans la participation de MM. les Vicaires Généraux, &
fans en parler à fon Confrere.

Et il ne fert de rien d'alleguer pour fortifier ces conféquences fi
a pag. 77. l. 8. plaifamment tirées, qu'*en 1659. il cherchoit de bons Eccléfiaftiques,* a &
que *le 4. Avril 1661. il refigna fa fuperiorité à M. l'Abbé de Bougy.* Car
tout cela peut bien fervir, à prouver que M. le Royer fe joüoit
des vns & des autres ; & qu'afin de rendre le traitté qu'il faifoit
avec les Iacobins, plus fecret, il faifoit femblant de *chercher de bons
Eccléfiaftiques,* & de vouloir *refigner fa fuperiorité* à M. l'Abbé de
Bougy, qui croyoit par là, de fon cofté, pouvoir rompre l'intrigue
que M. le Royer avoit avec les Iacobins, Mais cela ne prouve
point qu'il n'agît point de concert avec ces Religieux pour les
établir fur le Mont-Valérien, puifque la réponfe mefme de Ma-
b pag. 76. demoifelle Danffe que les Iacobins r'apportent, b le monftre ma-
nifeftement. Car elle dit en termes exprés: *qu'il n'y avoit rien d'extraordinaire pour ce fujet,* (c'eft à dire, touchant *le Brevet du Roy,
qu'vn Iacobin avoit découvert que les Religieux de fon ordre avoient
obtenu*) *que M. le Royer ne fçeuft.* Ce qui marque affez qu'il eftoit
de leur intrigue ; & qu'ils n'entreprenoient *rien d'extraordinaire,*
pour s'emparer du Mont-Valérien, qu'ils ne fiffent de concert
avec luy, *qu'il ne fceuft,* & dont il ne fuft bien informé.

Il ne fert de rien auffi d'alleguer, c pour monftrer que le fecond
c pag. 77. l. 18. traitté, qu'il a fait avec les Iacobins n'eft pas véritable : qu'il faudroit avoir efté entierement dépourveu de raifon pour traitter
avec cét homme, aprés la Sentence contradictoire renduë contre luy à l'Officialité. Car ce n'eft pas un fi grand inconvenient,
que ces bons Peres s'imaginent, que de croire que Dieu les eût
d Rom. 1. 26. abandonnez dans *ce fens reprouvé,* dont parle faint Paul d & qu'il
eût répandu fur leur cupidité ces *juftes aveuglemens,* que S. Au-
e Lib. 1. Conff. guftin dit, e *que Dieu felon la Loy eternelle & immuable de fa juftice*
c. 18. *répand fur les paffions injuftes.*

Car enfin, quoy que *M. le Royer ne leur pût rien vendre,* comme ils en demeurent d'accord, quoy *qu'ils ne puffent rien achepter*
f pag. 77. l. 25. *de luy,* ils n'ont pourtant pas laiffé d'appuyer jufqu'à prefent leurs
& s. injuftes prétentions, fur ce qu'il leur avoit cedé l'intereft qu'il
avoit à la Congrégation : & malgré *la connoiffance publique &
particuliere qu'ils avoient de fa condition,* malgré *un Arreft & une
Sentence contradictoire,* malgré *la perte conftante & entiere de tout
fon droit,* ils ont bien ozé avancer dans l'éclairciffement qu'ils
g pag. 5. l. 2. ont fait fur leur prife de poffeffion, g que LE SIEVR LE ROYER

QVI

QVI EST LE SEVL INTERESSE', Y A DONNE' SON CONSENTEMENT,

Quoy donc les Iacobins auront souftenu hautement & à la face de la Iuftice, un an depuis *la Sentence*, par laquelle ils reconnoiffent, dans cet Ecrit, que M. le Royer a efté privé *de tout le
droit* qu'il pouvoit avoir fur la Congrégation, QV'IL Y EST LE
SEVL INTERESSE'; & que l'ufurpation qu'ils ont faite du Calvaire
eft légitime, parce qu'IL Y A DONNE' SON CONSENTEMENT;
& ils voudront nier le traitté qu'ils ont fait avec luy, & qui leur
donne lieu de fe vanter de SON CONSENTEMENT, parce *qu'il faudroit eftre entierement dépourveu de raiſon* pour avoir traitté avec un
homme qui n'avoit aucun droit fur la Montagne? Comme fi ce
n'eftoit pas au contraire une tres-forte raifon de croire qu'ils l'ont
fait, parce *qu'il faut eftre dépourveu de raiſon* pour le faire; aprés
que contre toutes les regles du fens commun, ils ont ozé fe vanter un an aprés l'Arreft & la Sentence contradictoire, qui ont efté
rendus contre M. le Royer, QV'IL EST LE SEVL INTERESSE', ET
QV'IL LEVR A DONNE' SON CONSENTEMENT?

Mais ce n'eft pas affez d'avoir fait voir par les propres paroles
des Iacobins, qu'ils fe font fervis de M. le Royer pour s'emparer
de la Montagne, & que les traitez qu'ils ont faits avec luy font
tres-conftans, quoy qu'on n'en puiffe donner des preuves par
écrit, parce qu'ils fe font emparez de tous les papiers & de tous
les titres de la Congrégation : il faut encore découvrir de quelle
maniere Dieu a permis que ce commerce d'iniquité foit venu à
la connoiffance du F. Iean Bénard, que l'on a dit dans le premier
Factum en avoir donné connoiffance à feu M. le Penitencier, & *a pag. 7.*
par luy à MM. les Vicaires Généraux.

Le Frere Iean Bénard eftant venu à Paris, alla voir Mefdames COMMENT
Bertranes, qui font deux fœurs affectionnées aux Iacobins, & *ces intrigues
ont efté décou-
vertes au Fiere
Iean Bénard.*
qui eftoient alors fous leur conduite. Elles luy apprirent, que le
Mont-Valerien eftoit vendu aux Iacobins, aux conditions mar-
quées dans le premier Factum ; *b* qu'elles ſçavoient cela des Ia- *b pag. 7. l. 10.*
cobins mefmes ; & que leur ayant reprefenté qu'ils n'avoient
traitté qu'avec deux Hermites, & qu'il y en avoit cinq, ces Religieux leur avoient répondu qu'ils ſçavoient bien le moyen de
faire fortir les autres, & qu'il ne falloit que rendre leur foy fufpe-
ĉte à la Reine-Mere pour eftre autorifez à les en chaffer.

Cét Hermite ayant de la peine à croire cette injuftice, ces filles
luy dirent de voir M. de Morangis, & que c'eftoit luy, qui con-
duifoit cette affaire. Il y alla donc fur l'heure mefme, & luy ayant

dit ce qu'il venoit d'apprendre, M. de Morangis qui crût que le Frere Iean penſoit à ſes intereſts particuliers, luy dit qu'il ſongeoit à luy, & que ſi l'on donnoit aux autres cinq ſols, qu'il y en auroit dix pour luy. Ce Frere luy repartit, qu'il n'eſtoit pas venu le trouver pour cela; qu'il aimoit mieux ſortir un baſton blanc à la main, que de prendre quoy que ce fût pour le Mont-Valérien; que cette vente-là ne ſe pouvoit faire ſans ſimonie; & que luy (M. de Morangis) ſeroit un jour faſché d'avoir contribué à cette injuſtice, s'il eſtoit vray que les Iacobins vouluſſent l'y engager. M. de Morangis écouta le F. Iean avec ſa bonté ordinaire, & goûtant ſes raiſons, luy ordonna d'aller trouuer ſes Superieurs, & de leur dire de ſa part tout ce qu'il venoit de luy dire, & de plus l'aſſura que pour luy il ne s'en meſleroit plus du tout.

En effet Dom Fero Chartreux, qui eſt ce Religieux d'un Ordre celebre, dont les Iacobins font ſemblant d'ignorer le nom, & qui offrit depuis au F. Iean une ſomme notable de leur part, laquelle luy fut encore offerte par M. Martin, couſin du P. Dominique le Brun Iacobin & Contrôleur de la Maiſon de feu M. le Duc d'Orleans, luy dit quelque temps aprés, que M. de Morangis avoit declaré aux P. Iacques & au P. Bruſlé, qui ſont les deux Iacobins, qui vinrent encore depuis juſques ſur la Montagne pour en faire des reproches à cét Hermite, qu'il ne vouloit plus ſe meſler de cette affaire.

a *pag. 79. l. 9.*

b *Fact. des Preſt. & des Herm. p. 7.*

Voilà comment l'on a appris l'achapt, que les Iacobins auoient deſſein de faire de la Montagne. Voilà comme on a ſçu qu'ils donnoient au P. de la Font Hermite trois cens livres de rente, & au Frere Reclus trois mille livres une fois payées. On eſpere de la probité de M. de Morangis, qu'il r'appellera dans ſa memoire toutes ces circonſtances particuliéres, & de l'équité de MM. les Vicaires Généraux, qui les ont appriſes de feu M. le Penitencier, qu'ils auront la bonté d'en rendre témoignage à tout le monde.

Au reſte il eſt ſi veritable, que l'on pourſuiuiſt M. le Royer devant M. l'Official, non ſeulement pour ſes deſordres & ſes déreglemens, mais encore pour la vente qu'il avoit faite du Mont-Valérien aux Iacobins, que c'eſt de M. du Puy Curé de S. Innocent, qui eſtoit alors Promoteur, que l'on a appris que cette vente avoit eſté un des ſujets de ſa condemnation & de ſon expulſion de la Montagne: & il eſt aiſé de voir dans la minute des informations qui ont eſté faites contre M. le Royer, laquelle eſt au Greffe de l'Officialité, ce que les témoins en ont depoſé devant M. l'Official.

Enfin, il n'y a rien qui faſſe voir plus clairement l'intelligence, qui eſtoit entre les Iacobins & M. le Royer, pour arracher la maiſon du Calvaire d'entre les mains des Preſtres, que ce que le R.P. Annat a declaré luy-meſme à MM. de la Font & Baillu, lors qu'ils l'allérent trouver dés le 9. d'Avril, ſur les 6. heures du matin, de la part de MM. les Vicaires Généraux, pour ſçavoir de luy ſi le Roy avoit dôné quelque ordre pour les faire ſortir du Calvaire, & y eſtablir les Iacobins. Car il leur répondit que cela eſtoit veritable ; & que *c'eſtoit ſur les plaintes & ſur les dépoſitions d'vn Preſtre nommé M. le Royer, d'vn Advocat qui s'appelloit M. Germain, & de M. Roze, que ſa Maieſtè avoit accordé cet ordre aux Iacobins, qui l'avoient pourſuiuy eux-meſmes de leur part.* En effet, MM. de la Font & Baillu en avoient rencontré deux, qui ſortoient d avec le R. P. Annat, lors qu'ils y entrérent, & qui delà s'en allérent chez M. de Guénégaud, avec vn Billet du meſme P. Annat, pour prendre & retirer les Lettres de Cachet ; ce que M. de la Font apprit enſuite de la bouche meſme de M. de Guénégaud.

Il n'eſt donc pas moins conſtant que les Iacobins ſe ſont ſervis du miniſtére de M. le Royer, pour s'emparer de la Montagne, qu'il eſt certain que ce meſme M. le Royer *eſt de la Ville de Straſbourg*, quoy que pour le récompenſer de leur avoir vendu les maiſons des Preſtres & des Hermites, ils le faſſent venir *[a] d'vne naiſſance noble, & ſortir d'vne maiſon conſidérable de Lorraine.*   a pag. 7. l. 18.   Le contraire eſt juſtifié par vne coppie de ſon extrait-baptiſtaire, que l'on eſt preſt de produire, & ſur le dos de laquelle eſt écrit de ſa propre main, *memoire du jour & an de ma naiſſance* ; & par le témoignage de ſa propre Tante qui eſt à Paris : & il n'eſt pas eſtonnant que les Iacobins ayent nié ſi hardiment vne choſe dont ils ont crû qu'on n'auroit plus de preuves, puis qu'ils ont bien eû la témérité de ſouſtenir, qu'il n'y avoit pas long-temps qu'ils travailloient à s'établir ſur le Mont-Valérien, lors qu'ils s'en ſont emparez, quoy qu'ils ſe glorifient en meſme temps *[b] de ce que la Reyne Mere s'eſtoit declarée il y avoit long temps, pour le leur procurer,* &   b pag. 83. l. 9.   qu'ils avoient *[c] que dés l'année 1657. ils avoient formé le deſſein de s'y introduire,* c'eſt à dire, qu'il y avoit cinq ans entiers, qu'ils cherchoient toutes ſortes de moyens de s'en emparer.   c pag. 84. l. 23.

A voir ces bons Peres faire le recit de leur priſe de poſſeſſion, *[d]* il ſemble qu'ils fuſſent tous occupez dans leur Monaſtére à la Priere & à l'Oraiſon, lors que *le Roy jetta les yeux ſur eux* ; & que ſa Majeſté les ait engagez par ſon propre mouvement, & par elle-   d pag. 11.

mesme à sortir malgré eux de leur Cloistre, pour aller desservir le Mont-Valérien.

A voir aussi la maniére, d'ont ils décrivent, *a* de quelle sorte M. le Cardinal de Retz leur envoya ses provisions, il semble qu'ils n'ayent jamais pensé au Mont-Valérien, & que ç'ait esté l'Esprit de Dieu qui ait fait connoistre à Son Eminence, *qu'il n'y avoit point de moyen plus salutaire & plus efficace, pour remedier aux maux prétendus du Calvaire,* que de le donner aux Iacobins Réformez.

Cependant, ils demeurent d'accord eux mesmes, *b* qu'il y avoit desia cinq années toutes entieres, qu'ils employoient tout le crédit qu'ils avoient auprés de la Reyne Mére, & qu'ils faisoient joüer tous les ressors de la faveur, pour s'y establir. Ils confessent *que le feu P. Constantin de l'Oratoire, qui avoit une liaison tres-estroite avec eux, & qui les a toûjours tendrement aimez, s'en estoit rendu le* Solliciteur auprés de sa Majesté en 1657. Que dés ce temps-là *cette vertueuse Princesse avoit daigné y travailler : qu'elle avoit recommandé cette affaire avec bonté, à M. le Curé de S. Severin, l'un des* Vicaires généraux : *qu'elle s'estoit mesme donné la peine de luy en escrire de Fontainebleau en 1658 : qu'en 1659. le bruit s'estoit répandu que les Religieux Iacobins avoient vn Brevet du Roy pour le Mont-Valérien :* & qu'enfin, sans le courage & la générosité avec laquelle M. de S. Severin s'opposa à leur entreprise, & représenta à la Reyne Mére qu'il ne pouvoit consentir à cét establissement, sans choquer toutes les Régles de l'Eglise, *f* ils l'auroient emporté il y a plus de 7. ou 8. ans. *Ecce sine vlla acriori disquisitione ipsi persemet prodiderunt facinora sua.*

Tout ce que les Iacobins ont donc allegué pour iustifier leur caballe, avec M. le Royer, & les intrigues par lesquelles ils se sont efforcez de s'emparer du Mont-Valérien, ne sert qu'à les rendre plus constantes ; & il n'y a personne qui ne voye, auec combien de justice on a avancé dans le premier Factum, qu'ils formérent le dessein de s'y introduire peu de tems aprés la mort de M. Charpentier ; puis qu'ils avoüent qu'il s'en fallut peu, qu'ils ne s'en rendissent les Maistres dés l'année 1657.

Où l'on supplie les Lecteurs de remarquer avec quelle obstination les Iacobins se sont attachez à la ruine de la Communauté des Prestres & de celle des Hermites, puis qu'il y a tant de tems qu'ils s'efforcent de s'y establir, & que malgré la sage resistance de MM. les Vicaires Généraux, il n'ont point laissé de poursuivre leurs injustes entreprises, iusques à ce qu'aprés avoir surpris une Lettre

de

a pag. 22.

b pag. 83. & 84.

c pag. 83. l. 19. pag. 84. l. 27.

d pag. 84.

e pag. 76. l. 22.

f pag. 84. l. 4. & 13 Paroles de l'Empereur Constantin.

g pag. 60.

de Cachet, qui fut auſſi-toſt révoquée, & aprés avoir auſſi ſurpris,
ou ſuppoſé des Lettres de M. le Cardinal de Retz, ils ſe ſont
emparez à force ouverte de la Maiſon des Preſtres & de celle des
Hermites.

*On juſtifie plus amplement les faits qui ont eſté avancez dans
le premier Factum touchant la priſe de poſſeſſion des Iacobins.*

IL ne faut faire que trois ou quatre obſervations, pour éclaircir tout ce qui regarde la maniere violente & irréguliere dont
les Iacobins ſe ſont emparez la premiere fois du Mont-Valerien,
& pour découvrir les fauſſetez & les menſonges, dont ils ont taſché *a* de couvrir les excés qu'ils y ont commis.

La premiere obſervation qu'il faut faire, eſt ſur l'impoſture,
par laquelle ils prétendent monſtrer *b* que leur priſe de poſſeſſion
a eſté Canonique, car ils diſent que *dés qu'ils eurent reçu les Lettres
d'union, il les preſentérent à MM. les Vicaires Généraux pour les
mettre en poſſeſſion; que ces Meſſieurs les éxaminérent, les trouvérent
en bonne forme, & furent d'avis qu'on ſe ſerviſt de deux Notaires Apo-
ſtoliques pour prendre poſſeſſion, & qu'ainſi c ils prirent poſſeſſion du
Mont-Valérien ſuivant le conſeil de MM. les Vicaires Généraux.*

Comme les Iacobins ont témoigné *d* deſirer qu'on s'en rappor-
taſt à M. le Doyen, on l'a eſté trouver; & on l'a tres-humblement
ſupplié de lire cét endroit de l'écrit des Iacobins. Aprés qu'il en a
,, eû fait la lecture, il a dit: qu'à la verité ces Lettres luy furent pre-
,, ſentées, & qu'il les leut eſtāt ſeul, & en l'abſence de M. le Curé de S.
,, Severin; mais que les Iacobins ne les ont jamais aſſemblez pour les
,, leur communiquer, & prendre leur avis ny leur *Viſa*, & qu'ayant
,, veu en ſon particulier qu'elles ne pouvoient eſtre que ſurpriſes &
,, faites ſur un blanc ſigné, & qu'elles contenoient certaines paro-
,, les, dont M. le Cardinal de Retz n'euſt point uſé, il ne jugea
,, pas à propos de s'en expliquer davantage à ceux, qui les luy
,, avoient préſentées, & ſe contenta de leur dire qu'il ne pouvoit
,, les mettre en poſſeſſion, n'ayant eû aucun ordre de M. le Cardi-
,, nal de Rets pour cela; & que comme ils inſiſtoient & le preſſoient,
,, il leur dit abſolument qu'il ne le feroit pas, & qu'ils pouvoient s'ils
,, le trouvoient bon, ſe ſervir des voyes ordinaires pour prendre
,, poſſeſſion.

Voilà ſurquoy les Iacobins ont avancé, qu'ils avoient pris poſſeſſion, ſuivant le conſeil de MM. les Vicaires Generaux: com-

a Depuis la page
21. iuſques à la
page 26. Et dans
la réponſe aux ſe-
condes calomnies.
b pag. 22. l. 37.

c pag. 23. l. 22.

d pag. 23. l. 5.

me fi M. le Doyen, leur difant qu'ils pouvoient fe fervir des voyes ordinaires, leur avoit confeillé de prendre deux Notaires Apoftoliques; & fi, au contraire, les Iacobins n'euffent pas dû, fuivant ce confeil, avant que de s'addreffer aux Notaires Apoftoliques requerir juridiquement MM. les Vicaires Genéraux de les mettre en poffeffion, & prendre Acte enfuite de leur refus. Ce qu'ils n'ont ozé faire, de peur que le refus de ces Meffieurs ne parût en Iuftice, & que les raifons qu'ils auroient alleguées dans leur Acte de refus, ne ferviffent à découvrir la fuppofition, l'abus & la nullité de ces Lettres prétenduës.

<table><tr><td>ELLE A ESTE'
accompagnée
de tumulte &
de violence
a pag. 86. l 18.</td><td>

La feconde obferuation eft fur *l'information qui a efté faite par M. Bénard-Rézé,* laquelle ils difent a *eftre un indubitable argument qu'il ne s'eft rien paffé que de jufte & de legitime dans leur prife de poffeffion.* Car on ne fçauroit affez s'eftonner de ce que les Iacobins ozent alleguer cette information, comme *un argument indubitable qu'ils n'ont rien fait en cela que de Canonique*; puis que tous les témoins qui y ont dépofé, fans en excepter aucun, ne furent point préfens à cette prife de poffeffion; que les uns difent pofitivement, qu'*ils eftoient à Paris* : les autres, qu'*ils n'arrivérent qu'aprés que les Iacobins furent entrez dans l'Eglife & dans la maifon* ; d'autres, qu'*ils n'y arrivérent que fur les trois heures aprés midy* ; la plufpart, qu'ils ne parlent que fur *un ouy-dire*; & quelques-uns mefme difent formellement, qu'*ils ne fçavent rien de ce qui s'eft paffé au Mont-Valérien, lors que les Iacobins y font arrivez,* & qu'*ils n'ont fçu qu'ils y fuffent arrivez que deux jours aprés.* Il n'y avoit, de tous ceux qui avoient efté affignez pour depofer, que le F. Iean Gromet, qui y eût efté préfent ; mais ce Frere ayant déclaré les chofes naïvement comme elles s'eftoient paffées, fut renvoyé fans qu'on voulût écrire fa dépofition, parce qu'elle eftoit contraire aux prétentions des Iacobins. Voilà d'où ces bons Religieux tirent un *argument indubitable* de leur douceur & de leur modération : & voilà quels font les témoins fur les dépofitions defquels ils prétendent fe pouvoir juftifier de leurs excés.

Mais s'il eft ridicule de ne s'appüier que fur le témoignage de ceux, qui n'ont point efté témoins oculaires, qui ne dépofent rien touchant le faict dont il s'agit, & qui ne rapportent ce qu'ils difent, que fur vn *ouy dire,* & fur le *bruit commun* ; il n'eft pas moins impertinent d'eftablir comme *vn argument indubitable* de l'innocence des Iacobins, des dépofitions dont on peut tirer, au contraire, de tres-fortes préfomptions contr'eux, & eftablir puiffam-</td></tr></table>

ment les faicts, dont on les charge avec tant de vérité.

En effet, Iean Bouffiart, qui eft vn de ceux qui parlent le plus avantageufement des Iacobins, pouvoit-il exprimer, plus favorablement pour eux, le defordre, la violence, & le tumulte qu'ils cauférent en s'emparant du Calvaire ; qu'en difant qu'*il y eut du bruit entr'eux & les Preftres qui y demeuroient, fans fçavoir autrement ce qui fe paffa?* Car ce filence affecté, & cette ignorance fimulée, n'eft-elle pas vne preuve convaincante qu'il ne s'y eftoit rien paffé, qui ne fuft au defavantage des Iacobins ; puifque ce témoin, qui leur eftoit fi affectionné, a mieux aimé dire, qu'*il ne fçait pas autrement ce qui fe paffa,* que d'en marquer les particularitez, qu'il n'euft jamais manqué de rapporter, fi elles n'euffent pas efté évidemment contraires à leurs prétentions. N'euft-il pas dit pofitivement qu'il n'en fçavoit rien du tout, comme les autres témoins ont fait, s'il n'euft pas fceu effectiuement, que les Iacobins y avoient commis des excés tres-indignes de leur profeffion, & qu'il a crû exprimer fuffifamment pour fatisfaire à fa confcience, en difant, qu *il y eut du bruit entre eux & les Preftres ?*

Eftienne Richer ne dit-il pas auffi, *qu'il y a eû vn des Preftres dont il ne fçait le nom, lequel a efté mis dehors par les Religieux,* ce que François Bouffiart & le Frére Réclus expliquent dans leurs depofitions? Car le premier dit, *qu'eftant arrivé fur la Montagne fur les trois heures de relevée, il vit que les Preftres faifoient difficulté de donner les clefs;* & le dernier, qui eft le F. Réclus, rapporte en parlant de M. de Caux, qu'*ils luy arrachérent les clefs qu'il avoit, & qu'ils leverent vn bafton fur luy.* Des témoins qui font éclatter dans leurs difcours, comme on peut voir dans l'information, tant de paffion pour l'établiffement des Iacobins fur le Mont-Valérien, pouvoient-ils confirmer plus fortement, ce qu'on a rapporté dans le premier Factum [a] des violences que l'on commit dans cette prife de poffeffion contre les Preftres, & en particulier contre M. de Caux ?

La troifiéme Obfervation eft fur *les procés verbaux,* & les deux Actes de prife de poffeffion, par lefquels les Iacobins prétendent [b] juftifier, qu'*elle a efté tranquille.* Car outre que les Notaires Apoftoliques & les Officiers de la Iuftice de Ruël, ne difent pas vn mot, par lequel on puiffe autorifer cette tranquillité prétenduë : & que ces paroles, *& ce par la libre entrée de ladite Eglife,* marquent feulement, que les portes de l'Eglife eftant ouvertes, on ne les enfonça pas, comme on fit celles des chambres & de la maifon : ces

a pag. 11.

LES PROCE'S verbaux ne les peuvent juftifier. b pag. 86. l. 10.

mefmes Notaires Apoftoliques, & ces mefmes Officiers de Rüel
ont efté fi éloignez de rapporter fidellement les chofes, comme
elles fe font paffées, qu'ils ont inferé dans leurs procés verbaux
des faits abfolument faux : qu'ils y en ont obmis d'autres à deffein, qu'ils n'ont pú paffer fous filence, fans vne acception de perfonnes tres-honteufe & tres-blafmable, en des gens de leur forte : & qu'enfin ils ont compofé ces pieces d'vne maniere tout à
fait captieufe, & propre à fournir aux Iacobins les prétextes fpe-
cieux, dont ils fe font fervis pour tromper les Lecteurs.

Mais ils feront aifément détrompez, lors qu'ils auront obfervé
que les Notaires Apoftoliques ont obmis à deffein dans l'Acte de
la prife de poffeffion, l'appel comme d'abus que les Preftres de la
Congrégation firent des prétenduës provifions de M. le Cardinal de Retz, dont on leur parla, & qui ne leur avoient point efté
fignifiées, ny communiquées : & que l'autre Acte de la prife de
poffeffion qui a efté délivré aux Iacobins par le Bailly de Rüel, eft
compofé de deux pieces toutes differentes, dont l'vne fut faite le
matin en cachette, & à l'infçu de MM. de la Font & Baillu, & l'autre l'aprefdinée, & avec leur participation.

Dans la premiere partie de cét Acte, qui fut faite le matin, il y
a vne fauffeté toute évidente. Car il y eft dit expreffément, que
les Iacobins *avoient efté mis en poffeffion du confentement des Preftres
habituez en ce lieu*; ce qui eft démenty par le propre procés verbal
des Notaires Apoftoliques, qui porte en termes formels *que MM.*
de la Font & Baillu, de Caux & Doyen, Preftres de la Communauté fe
font oppofez à ladite prife de poffeffion.

Et dans la feconde qui fut faite l'aprefdinée il eft rapporté de
quelle maniere il fut ordôné que MM. de la Font & Baillu demeureroient dans leurs chambres jufques à ce que leur oppofition
fuft vuidée, fans dire un feul mot des efforts que les Iacobins firent pour mettre dehors ces deux Ecclefiaftiques, après en avoir
defia chaffé trois autres, fçavoir MM. Doyen, Bony & de Caux; &
fans parler de la refolution que ces deux Preftres témoignérent
de ne point fortir de leur maifon, qu'on ne les en tiraft avec la derniere violence, ny de la fermeté avec laquelle ils ne voulurent jamais entendre aucune propofition, qu'après avoir protefté de fe
pourvoir contre les violences des Iacobins, & eftre affeurez de
demeurer dans leurs chambres, fans que cét Acte peuft faire aucun préjudice à leur oppofition.

Cependant c'eft de l'union, ou pluftoft de la confufion de ces
deux

deux pieces differentes en vn mesme Acte, & en vn seul procés
verbal, que les Iacobins se prévalent pour monstrer, 1. *qu'il n'y eût
point d'impetuosité ny de tumulte dans leur prise de possession;* comme
s'ils pouvoient faire retomber la signature que MM. de la Font &
Baillu mirent au bas de l'Acte, qui fut fait l'apresdinée, sur celuy
qui fut fait le matin sans leur participation; ou comme si ce Re-
glement qui fut fait l'apresdinée entre les Prestres & les Iacobins
par le Bailly de Ruël, & auquel les Prestres consentirent, voyant
qu'ils ne pouvoient resister à la force & à la violence, par laquelle
ces Religieux s'estoient rendus maistres de leur maison, pouvoit
servir à prouver qu'il n'y avoit pas eû de l'impetüosité & du tumulte dans la prise de possession qui fut faite le matin par les
Notaires Apostoliques.

Ils s'en servent, 2. pour faire voir qu'on n'a point rompu le
sçélé de la chambre de M. le Royer, parce que [a] *MM. de la Font
& Baillu consentirent par cet Acte de relevée, que les titres & les ornemens fussent mis dans la chambre du Pavillon, regardant S. Cloud, qui
estoit la Chambre de M. le Royer.* Comme si c'estoit vne preuve fort
convaincante, qu'on n'eût point rompu le matin le sçélé de cette
chambre, que de ce qu'on l'avoit choisie l'apresdinée pour y déposer les titres & les ornemens de la Congrégation, & de ce qu'on
les y mit le lendemain.

[a] *Fact. des Iaco-
bins, pag. 87. &
88.*

Les Iacobins eussent donc mieux fait de dire seulement qu'on
ne rompit point le sçélé de cette chambre, parce *qu'il n'y en avoit
point.* [b] Mais il ne faut pour les convaincre de mensonge en ce
point, & établir la verité de ce faict, que l'Acte qui en a esté délivré par le Lieutenant de Nanterre, du 21. Novembre 1661. par
lequel il est constant que *le sçélé fut mis & apposé à la porte de ladite
chambre; & qu'ainsi on n'a pû y déposer les titres & les ornemens,* sans
l'avoir rompu auparavant.

[b] *pag. 88. l. 3.*

La 4. observation est sur les *personnes qui ont signé le procés verbal,
& que la devotion,* disent les Iacobins, *fit trouver en ce lieu-là.*

[c] *pag. 24. l. 16.*

Sans doute que ces bons Peres n'entendent pas parler de *la devotion* du Calvaire; car ils disent que les desordres prétendus
des Prestres l'avoient entierement esteinte: Mais de *la devotion,*
que ces *personnes de qualité* avoient pour les interests des Iacobins. Et c'estoit sans doute de cette *devotion* qu'estoit animé M.
de S. Martin gendre de M. Germain, lors que voyant le refus que
M. de la Font faisoit une seconde fois de donner ses clefs, dans la
Sacristie, où il estoit rentré aprés avoir fait son opposition, il le

ILS NE PEV-
uent tirer au-
cun avantage
de ceux qui y
ont signé.

Cc

prit par le camail & le devant du furplis, & le tiraillant luy dit avec un zele tout à fait édifiant : *quoy donc vous ne voulez pas obeyr à l'Ordre du Roy? Ie vous meneray en prifon,* & luy fit faire ainfi quatre ou cinq pas en tournoyant. Mais M. de la Font s'eftant un peu r'affuré, & luy ayant dit qu'*il eftoit meilleur ferviteur du Roy que luy, & qu'il eût a monftrer cet ordre pretendu,* M. de S. Martin tira de fa poche une Lettre qu'il luy monftra. M. de la Font n'arrefta fa veuë que fur la datte, & voyant qu'elle eftoit du huict Avril 1661. & que c'eftoit la Lettre de Cachet qu'ils avoient furprife il y avoit un an, il dit tout haut : *Vous eftes des impofteurs, cet Ordre a efté réuoqué, ie m'en plaindray à fa Majefté, & les Provifions de M. le Cardinal de Retz, dont vous parlez, peuvent bien de mefme eftre fauffes, j'en appelle comme d'abus.*

Voila quels furent les mouvemens de *devotion*, qui firent aller M. de S. Martin fur la Montagne; & s'il n'avoit point tant d'intéreft de favorifer les Iacobins, que fon beau-pere a voulu introduire fur le Calvaire, on ne doute point qu'il ne blafmaft leur injuftice, & la furprife qu'ils luy firent en cette occafion, auffi bien qu'à toutes les autres perfonnes de qualité, qui y ont affifté, & qui en ont efté fcandalizez.

Pour ce qui eft du témoignage de M. l'Efné Confeiller en la grande Chambre, 1. il eft faux qu'il ait dit *qu il eftoit neceffaire qu'il y eût une Communauté Religieufe fur la Montagne,* comme on l'a appris de fa propre bouche, & comme il eft évident par les paroles mefmes du témoin, qui a efté entendu devant M. Bénard-Rezé, lequel ne parle que *d'une Communauté,* & non pas d'une *Communauté Religieufe.* 2. Il eft ridicule de prétendre que quand ces paroles feroient veritables, elles fuffent *un témoignage fuffifant pour monftrer que la prife de poffeffion a efté fans fcandale* ; puis que M. l'Efné n'arriva fur la Montagne, que l'aprefdinée, & qu'ainfi on ne peut tirer aucun avantage de fes paroles, pour juftifier les excés que les Iacobins commirent le matin, en s'emparant du Mont-Valérien.

IMPOSTVRE des Iacobins touchant les fentimens de M. l'Efné Confeiller en la grãde Chambre.

De l'Expulfion Imaginaire des Iacobins.

LEs Iacobins ont crû que pour donner quelque couleur à l'expulfion imaginaire dont ils vouloient rendre coupables les Preftres du Calvaire, il falloit avancer *a* quelques faits fuppofez, pour monftrer qu'il y avoit long-tems, que ces Eccléfiafti-

a Fact. des Iacob depuis la pag. 26 iufques à la 33.

ques faisoient des efforts pour les chasser de leur maison, & pour s'y r'établir par d'autres voyes que par celles de la Iustice qui ne leur pouvoient estre que favorables.

La premiere *Tentative*, qu'ils supposent que les Prestres firent *le Dimanche de la Passion* pour l'execution de ce dessein, est une imposture tres-manifeste. Voicy comme la chose se passa.

M. Thevenin qui est neveu de M. le Chantre de l'Eglise de Paris, & qui est cet *Ecclesiastique*, que les Iacobins disent [a] estre venu sur la Montagne, *à la teste de huit ou dix Vagabonds*, y vint le Dimanche de la Passion, sans avoir personne avec luy. Il est vray qu'il y trouva beaucoup de monde ; mais la pluspart y estoient venus à cause de la solemnité du jour, & les autres par curiosité, pour voir les Iacobins qui s'en estoient emparez. M. Thevenin frappa à la porte, & demanda à voir M. de la Font ; & parce que le Frere Portier luy respondit qu'il disnoit, il pria ce Frere de le laisser entrer dans la maison, afin d'attendre plus commodément qu'il eust disné. Ce Frere luy refusa cette civilité ; ce qui obligea M. Thevenin, qui crût que c'estoit vne défaite, & qu'on ne vouloit pas le laisser parler à M. de la Font, de s'en plaindre devant ceux qui estoient presens, & qui blasmérent hautement le refus qu'on faisoit de laisser parler les Prestres à leurs Amis, apres s'estre emparé de leur maison. Ce murmure obligea les Iacobins à faire sortir M. de la Font par la Sacristie pour parler dans l'Eglise à M. Thevenin : Mais se voyans dans la contrainte, & importunez par le peuple, ils se separérent bien-tost. M. Thevenin s'en alla seul chez les Hermites, & aprés y avoir esté quelque temps s'en retourna à Paris dés le mesme iour, & fut vû dans le bois de Boulogne par des serviteurs des Iacobins, ausquels il parla.

De sorte qu'il n'y a rien de plus faux, que tout ce qu'ils ont supposé pour obtenir l'Arrest sur Requeste du quatriesme Avril qu'ils obtinrent le Mardy d'aprés d'une maniere assez estrange. Car M. Nevelet qui estoit alors Conseiller aux Enquestes, & qui embrasse avec un grand zele tous les interests des Iacobins, ayant dressé sur les Conclusions de cette fausse Requeste un Arrest, le presenta tout dressé à M. Bénard-Rezé son beau-frere, qui le fit expedier en mesme temps ; & aprés qu'il eust esté ainsi signé, M. Nevelet le retira luy-mesme avec la Requeste des mains du Greffier.

Il est vray que *les Prestres ne s'opposérent point à cét Arrest*, [b] Mais ce fut de crainte que leur opposition ne servist de pretexte aux

IMPOSTVRE des Iacobins dãs la premiere tentative qu'ils supposent que les Prêtres ont faite pour les chasser

a pag. 27. l. 27.

b Fact. des Ia. pag. 29. l. 28.

Iacobins pour ne point faire l'information ordonnée par le mefme Arreſt : & afin que, ſi le Commiſſaire ſe tranſportoit ſur la
Montagne, comme il eſtoit ordonné, il reçuſt les plaintes qu'ils
avoient à faire contre les Iacobins; & s'il ne s'y tranſportoit point,
on viſt clairement, par cette affectation, la fauſſeté des faicts que
les Iacobins avoient avancez dans leur Requeſte, & l'impuiſſance
où ils eſtoient de trouver vn ſeul témoin pour les appuyer.

Et il ne ſert de rien d'objecter aux Preſtres, *a* qu'ayant obtenu
depuis par Arreſt permiſſion d'informer d'vn aſſaſſinat commis
par les Iacobins en la perſonne d'vn Eccléſiaſtique, qui alloit
pour faire la fonction de Preſtre dans l'Hermitage, ils n'ont point
executé cét Arreſt; & qu'ainſi l'on auroit droict *de conclurre ſelon
eux, que c'eſt l'effet de l'impuiſſance où ils ont eſté de trouver des preuves;*
puiſque ce ſont les Iacobins meſmes, qui ſe ſont oppoſez aux
qualitez, & à l'éxécution de cét Arreſt : au lieu qu'ils demeurent
d'accord que les Preſtres *ne s'oppoſérent point à l'Arreſt du 4. Avril.*
De ſorte qu'il leur faut chercher une autre voye que celle-là, pour
ſe juſtifier de cét attentat commis en la perſonne de cét Eccléſiaſtique, que la charité portoit à aller ſecourir les Hermites; puiſque l'oppoſition qu'ils ont faite aux qualitez de cét Arreſt, ne ſert
qu'à fortifier les fortes préſomptions que l'on a contr'eux, & qui
ont porté la Cour à permettre d'en informer.

La 2. *Tentative,* que les Iacobins accuſent les Preſtres *b* d'avoir
faite *le jour de Paſques,* n'a pas plus de fondement. Ces Religieux
ne pouvant plus ſouffrir que MM. de la Font & Baillu portaſſent
leurs Surplis, & fiſſent les fonctions ordinaires dans l'Egliſe, parce que cela marquoit éuidemment qu'ils conſervoient touſiours
la poſſeſſion dans laquelle ils eſtoient depuis 30. ans, prirent reſolution entr'eux de les en empeſcher. Le P. Dubois fut le premier qui leur en porta la parole. Mais M. de la Font ayant répondu qu'ils ne pouvoient pas les en empeſcher, & que l'Arreſt meſme du 4. Avril qu'ils avoient ſurpris, leur deffendoit cette entre-
priſe, parce qu'il ordonnoit que *toutes choſes demeureroient en eſtat
de part & d'autre :* Le P. Dubois luy dit, *Et bien vous verrez que nos
gens vous en empeſcheront.* En effet, le lendemain qui eſtoit le Sa-
medy ſaint, ſur les huit heures du ſoir, le P. Quétif, qui avoit eſté
choiſi pour cela, s'eſtant fait accompagner de deux autres Iacobins, leur vint faire deffenſe de paroiſtre dans l'Egliſe du Calvaire
avec leurs Surplis, & d'y faire leurs fonctions. A quoy MM. de
la Font & Baillu, ayant fait la meſme réponſe que la veille, &

M. de

M. de la Font voyant bien que les Iacobins avoient resolu de l'empescher de dire la Messe le jour de Pasques au grand Autel, & de faire l'exhortation precisément à huit heures du matin, comme il avoit accoustumé, envoya vn Billet à M. le Lieutenant de Nanterre, & le pria de se rendre le lendemain avec son Greffier dans l'Eglise, pour y dresser vn procés verbal de tout ce qui s'y passeroit.

Ce procés verbal, qui est signé de plusieurs témoins dignes de foy, porte : *qu'estant arrivé sur le Mont-Valérien, accompagné de son Procureur Fiscal, de Begue sergent, & d'autres, il trouva M. de la Font dans l'Eglise du Calvaire, revestu de son Surplis, que le mesme M. de la Font, estant rentré dans la Sacristie, pour prendre son Aube & sa Chasuble, pour célébrer la sainte Messe au grand Autel, en fut empesché par le P. Quetif, & les autres Religieux ; lesquels immediatement aprés leur grande Messe dite, firent prendre audit grand Autel la Chasuble à celuy qui y avoit fait la fonction de Diacre, & en mesme temps y commencer la Messe ; de sorte que M. de la Font, qui estoit revestu de ses habits Sacerdotaux, il y avoit bien vne demie heure, en fit ses plaintes à ce Lieutenant, qui entra alors dans la Sacristie & en présence duquel le P. Quétif, accompagné de plusieurs Religieux, & de quelques vns de leurs Amis, vint faire deffense à M. de la Font de faire davantage aucunes fonctions de Supérieur, de porter le Surplis, & de célébrer la Messe au grand Autel, & de plus luy déclara, que s'il leur plaisoit, il ne la diroit point du tout, parce qu'ils estoient les Maistres de l'Eglise.*

Voilà ce que les Iacobins appellent *vne œuvre d'iniquité* : voilà ce qu'ils nomment *vne nouvelle violence* : & voilà ce qui leur a fait dire que l'on a fait de l'Eglise *vn rendez-vous criminel* ; Comme s'il y avoit des temps & des jours, où les voyes de la Iustice fussent fermées à l'innocence opprimée : ou comme si, l'on n'avoit pû innocemment se précautionner contre des entreprises, qui ayant esté faites au mépris de l'Arrest du 4. Avril, qu'ils avoient eux-mesmes obtenu sur de fausses suppositions, & au préjudice du droict des Prestres, ne passeront jamais que pour vne *nouvelle violence*, & pour *vne œuvre d'iniquité*, de la part des Iacobins.

Aprés avoir fait voir la fausseté des Tentatiues dont les Iacobins accusent les Prestres du Calvaire, il faudroit justifier plus amplement tout ce que l'on a avancé dans le premier Factum, touchant l'entrée de quelques Prestres dans la maison du Calvaire, le 7. Novembre 1662. Mais ce que les témoins, entre lesquels il y a trois Prestres habituez dans deux celebres Parroisses de Paris, en ont déposé dans l'information qui en a esté faite par M. Menardeau, ayant esté lû publiquement dans l'Audiance de la Tournelle : on ne croit pas qu'il puisse rester le moindre doute dans l'esprit des honestes gens, & que toutes les Idées que les Iacobins ont voulu donner des mauvais traitemens qu'on leur fit, ne soient entierement dissipées par la parfaite conformité qu'il y a entre les paroles des témoins, & le recit que l'on en a fait dans le premier Factum.

Neantmoins, pour achever de détruire les noires impostures *a Dans le premier Fact. pag. 15.16.17. § 4.* dont ils ont tasché de couvrir les véritables outrages, quils ont pris de là occasion de faire souffrir aux Prestres & aux Hermites, ce n'est pas assez d'avoir fait voir, que la visite de ces Ecclésiastiques, du 7. Novembre, a esté toute innocente, & que les Prestres n'oublièrent rien pour faire paroistre à ces Religieux toute la Charité possible, il faut encore monstrer la fausseté de ces *actes d'inhumanité, d'injustice, & d'irreligion,* dont ils ont bien osé *b pag. 29. l. 3.* les accuser. b

LES IACO-bins convaincus par eux-mesmes de la fausseté des faits sur lesquels ils ont appuyé leur expulsion imaginaire. On ne veut pour cela que la Requeste, qu'ils présentèrent eux-mesmes au Conseil le lendemain, & sur laquelle ils obtinrent l'Arrest de Réintégrande. Car s'il eust esté véritable que d'entre les Iacobins *c les vns eussent esté chassez à coups de baston, & les autres jettez par dessus les murs, dans vn danger manifeste de perdre la vie: que l'on eût étendu ce traitement barbare & cruel sur vn Religieux, qui ne faisoit que sortir d'vne longue maladie, & que le Lieutenant de Nanterre eust esté le cruel ministre de cette conjuration:* d n'en eût-on point *c Fact. des t... pag. 29. l. 20 d pag. 28 l. 40.* parlé dans cette Requeste, dans laquelle il estoit d'vne si grande importance, pour les Iacobins, de faire entendre qu'ils avoient esté chassez avec violence du Mont-Valérien; puisque c'estoit là la seule supposition, sur laquelle ils pouvoient obtenir cet Arrest?

Cependant il n'y a pas vn seul de ces faits, qui soit specifié dans cette Requeste ; & au contraire, il y en a plusieurs, qui les détruisent formellement ; puisque les Iacobins y supposent, que *c Paroles de la Requeste des Iacobins.* lors que les Prestres *e se rendirent Maistres de la maison, il n'y avoit que deux ou trois Religieux les autres estant sortis, les vns pour leurs affaires, & les autres pour celles de la maison.*

Car s'il n'y avoit que deux ou trois Religieux dans la maison du Calvaire : les Iacobins demeurant d'accord dans leur Ecrit, *f pag. 29. l. 6.* que *l'vn d'eux en avoit laissé la porte ouverte pour aller monstrer le che-* *g pag. 29. l. 2. min de Versailles à des Couvreurs, & que le Superieur estoit en conversa-*

rion avec le *Réclus,*[a] & que le *P. d'Hericourt ne sortit de la maison que* [a] *pag.* 91. *l.* 33. *l'apresdinée du 8. qui estoit le lendemain :* il est donc tres-faux que de & 40. ces Religieux, *les uns furent chassez à coups de baston, & les autres jettez par dessus les murs ;* puis qu'outre, qu'il eust esté plus aisé de les jetter par les fenestres que par dessus les murs, qui sont trop hauts pour cela, ils n'estoient *que deux ou trois Religieux dans la maison,* comme ils le disent eux-mesmes, & que de *ces deux ou trois Religieux,* l'vn *estoit sorty devant l'arrivée des Prestres, & avoit laissé les portes ouvertes ;* le second, qui estoit *le P. Superieur, estoit en conversation avec le Réclus,* & le troisiéme, qui estoit *le P. d'Hericourt,* demeura dans la maison avec les Prestres, *jusques à l'apresdinée du lendemain.* Comment est-il possible que des gens, qui font profession de Réforme, osent produire en public, & à la face de la Cour, des suppositions si évidentes, & qu'ils détruisent eux-mesmes si formellement, pour justifier des actions si abominables ?

Il est vray que dés le soir mesme les Prestres firent murer trois fenestres basses, où il n'y avoit point de barreaux, & refaire la bresche que trois Iacobins avoient faite à la muraille du clos pour y entrer.

Il est vray aussi que le Frere Iean Bénard se crût obligé de rendre, en cette occasion, aux Prestres du Calvaire tous les bons offices que la charité, qu'il leur devoit, exigeoit de luy ; & qu'il leur presta un reste de plastre qu'il avoit dans sa Cellule, & dont il se servoit luy-mesme dans ses besoins.

Mais il est faux que le *Lieutenant de Nanterre autorisast par sa presence ce prétendu murement criminel :*[b] il s'en retourna aussi-tost qu'il [b] *Fait. des Iac.* eût fait l'inventaire & le procés verbal de l'estat des lieux. Et il est *pag.* 30. *l.* 36. ridicule de faire passer cette précaution, qui estoit si necessaire comme on l'a reconnu par l'évenement, *pour une rebellion & une resistance ouverte à l'Arrest de reintegrande,*[c] puis que cét Arrest ne [c] *Fait. des Iac.* fut donné que le lendemain ; que l'on estoit alors bien éloigné de *pag.* 62. *l.* 38. croire qu'aucun Iuge pût favoriser des Vsurpateurs, au prejudice des legitimes possesseurs ; & que l'on ne pensoit qu'à se mettre à couvert des violences des Iacobins dont on avoit tout à craindre aprés le refus que ces trois Religieux, qui estoient entrez dans le clos par une bresche, & qui s'estoient retirez dans une Cellule appellée la Chartreuse, avoient fait d'entrer paisiblement CALOMNIE des Iacobins contre les Religieux de Nanterre. dans la maison, & d'y reprendre leurs chambres.

Pour ce qui est de ces préparatifs que les Iacobins feignent dans leur Ecrit,[d] que les Prestres firent pour soustenir le siège [d] *pag.* 31.

qu'ils vouloient mettre devant leur maison, & de ce secours de Nanterre, qu'on introduisit dans cette place pour la deffendre contre leurs attaques. Les Iacobins eux-mesmes ont eû tant d'horreur de cette supposition, & leur conscience leur en a reproché si vivement la fausseté, qu'ils n'ont ozé la laisser dans leur Ecrit telle qu'ils l'avoient inventée dans l'ardeur, où ils estoient de se vanger des Religieux de Nanterre, qu'ils croyent contraires à leurs injustes prétentions.

Car enfin, quoy que les Iacobins eussent eû la témérité d'avancer en termes formels dans un de leurs Factums, que *ces 40. ou 50. Habitans de Nanterre*, qu'ils supposoient estre venus dans la maison du Calvaire avec des armes, avoient esté *suscitez par les Reli- de Nanterre* ; & quoy que dans la chaleur de la composition de ce dernier écrit, ils eussent eû la hardiesse d'accuser ces mesmes Religieux, d'avoir contribué à la rebellion ouverte, dont ils ont voulu rendre coupables les Prestres du Calvaire, ils n'ont pourtant pas ozé publier une si noire calomnie, & la crainte du chastiment & de la reparation publique, que cette celebre Communauté auroit pû demander en Iustice d'une si horrible imposture, leur a fait couvrir d'un carton le nom de ces Religieux, quoy que leurs personnes y soient si bien designées, qu'il est impossible de ne les pas reconnoistre, au milieu des impostures & des calomnies dont ils les ont chargez.

Mais c'est en vain que les Iacobins, pour couronner toutes leurs injustices, ont osé inventer de si horribles médisances contre des Chanoines, dont la réputation est aussi-bien establie, qu'est celle de MM. de Sainte Geneviefve. Ces bons Moynes ont-ils bien pû s'imaginer qu'on les en crût à leurs paroles, après le nombre presque infiny de faussetez & de mensonges qu'on vient de découvrir dans leur écrit ; & ne devoient-ils pas déguiser autrement cette fourberie-cy, s'ils vouloient qu'elle fist la moindre impression dans les esprits? Car enfin ils n'alleguent pas un seul témoin pour prouver le moindre des faits qu'ils avancent ; *& ce son de la cloche de la Parroisse, ce choix des plus meschans & des plus determinez d'entre les Paysans de Nanterre, ces torches qu'on prit dans la Sacristie pour les conduire dans le chemin*, sont purement de leur invention, & ne peuvent servir qu'à faire voir qu'ils se sont faits une habitude de dire les choses tout autrement qu'elles ne sont, & de les tourner malicieusement, comme il leur plaist, pour surprendre les personnes credules: *firmaverunt sibi sermonem nequam, narraverunt ut absconderent laqueos.*

On

On ne s'arrestera pas davantage sur ce point. C'est detruire cette imposture que de la découvrir : Et c'est dissipper ce nuage que
de le présenter au Soleil.

On justifie plus amplement les faits qui ont esté avancez dans
le premier Factum touchant la reintrusion des Iacobins
dans la Maison du Calvaire.

ON ne s'est point *eslevé* dans le premier Factum *contre l'Arrest* a *Fact. des Iaco-*
du Conseil du huiét de Novembre. On a dit seulement ᵇ qu'il *bins, pag.* 33.l.98
avoit esté obtenu par surprise, sans fondement, & sans aucune con- b *pag.* 17.
noissance de cause. Et cela est si veritable, qu'on ne mit point du
tout cette affaire en deliberation dans le Conseil, & qu'on n'y
opina point sur cette prétenduë Réintégrande : mais que l'Arrest
en fut signé en particulier sur une simple Requeste, pleine de suppositions, sans que les parties intéressées eussent esté appellées,
ny ouyës, & sans aucune information.

Mais il n'est pas estonnant que les Iacobins taschent de se deffendre de la surprise, qu'ils ont faite à la Religion du Conseil. Il est
bien plus estrange qu'ils osent nier les excés, qu'ils ont commis
dans l'execution de cét Arrest, aprés que ces mesmes excés sont
demeurez constants *à l'Audience de la Tournelle,* où, comme ils
avouënt eux-mesmes, *toutes les informations furent si exactement* c *pag.* 95. *l.* 1.
veuës.

Aprés qu'il est demeuré constant dans cette mesme Audience,
que *les Iacobins & les Archers meslez ensemble environnérent la mai-*
son du Calvaire, & celle des Hermites ; qu'il ne fut monstré ny signi-
fié aucun Ordre, ny aucun Arrest : qu'il ne fut fait aucune resistance du
costé des Prestres qui n'avoient pas une arme dans la maison, ny jet-
té aucunes pierres, que par ceux qui d'abord escaladérent la maison,
posérent leurs eschelles contre la muraille & le pavillon du costé de S.
Cloud, sautérent dans le jardin, rompirent les portes, tirérent plu-
sieurs coups d'armes à feu, & exercérent toutes ces violences sans que
l'on eût fait aucune signification.

Aprés qu'il est demeuré constant dans la mesme Audience
que les Iacobins estoient armez lors qu'ils arrivérent sur la Montagne ;
qu'ils montérent avec les Archers sur les eschelles ; qu'il y en avoit 3. ou
4. qui alloient & venoient & donnoient les ordres par tout : QVE LE P.
LA CAILLE Y MONTA LE PREMIER AVEC VNE ISPE'E NVË D'VNE
MAIN, ET VN PISTOLET DE L'AVTRE, CRIANT AVIC LES AR-

E e

CHERS TVE TVE ; *que d'autres PP. Iacobins, qui avoient pareille-*
ment monté pardessus les murs , dirent aux Archers, lors que M. de
la Font parut , TIREZ, C'EST LE MAISTRE DE LA MAISON, &
qu'au mesme instant deux coups de fuzil luy furent tirez dans la teste;
& qu'aprés cét assassinat on vit quatre autres Iacobins, qui avoient
chacun un mousqueton sous leurs robbes.

Aprés qu'il est demeuré constant dans la mesme Audience,
que M. de la Font ayant parlé à quelques-uns DE CEVX QVI ESTOIENT
DV COSTE' DES CROIX ALLA DE L'AVTRE COSTE' *qui regarde sur*
la cour, où demandant le bonnet à la main si l'on avoit quelque or-
dre d'entrer dans la maison , on entendit des voix qui dirent , tire,
tire, & qu'au mesme instant on tira plusieurs coups d'armes à feu sur luy,
qui le firent tomber à la renverse en criant je suis mort.

Aprés qu'il est demeuré constant dans la mesme Audience,
que ce pauvre Boulanger de Nanterre qui fut assassiné dans le
clos, *estoit venu le matin apporter du pain aux Prestres du Calvaire;*
que lors qu'il fut percé de deux coups de fuzil, il s'en retournoit chez
luy, & n'avoit ny armes ny baston; que sa femme qui estoit toute en
pleurs fut battuë & excedée par l'Exempt à grands coups de baston,
à cause qu'elle demandoit à voir son mary ; que ce mesme Exempt y
estant excité par les Iacobins, ROMPIT SON BASTON A FORCE DE
FRAPPER SVR ELLE, *& sur les autres; que ces Religieux estoient pré-*
sens lors que ces violences furent faites ; qu'ils repoussérent eux-mes-
mes fort rudement cette femme desolée, quoy qu'elle ne demandast qu'à
voir son mary, avant qu'il mourût, & qu'ils dirent aux Archers d'une
maniere outrageante & cruelle : Chassez-moy cette coquine.

Aprés qu'il est demeuré constant dans la mesme Audience
que *cinq Prestres qui estoient à genoux aux pieds du Maistre-Autel*
en furent arrachez par les cheveux & traisnez indignement dans la
maison; que l'on fit recherche par tout du F. Iean Bénard : QV'ON
LEVA VNE TOMBE *qui est proche la chambre du Réclus avec une pin-*
ce PAR LE COMMANDEMENT DES IACOBINS, *croyant que ce Fré-*
re s'y estoit caché.

Enfin, aprés qu'il est demeuré constant dans la mesme Audiance, sur la déposition des témoins mesmes qui aydérent à M.
le Lieutenant Criminel, & à Madame sa femme, à monter sur la
Montagne, *qu'il n'y arriva qu'aprés que tous ces effroyables desordres*
furent arrivez : qu'aprés que les Portes de l'Eglise, & celles de la maison,
furent rompuës, & que M. de la Font, & le pauvre Boulanger de Nan-
terre eurent esté assassinez : qu'en arrivant il demanda à un Officier si l'on

avoit les papiers en vertu desquels on venoit, & que cét Exemt dit QVE
NON, ET QVE L'ON N'EN AVOIT POINT FAIT LA LECTVRE, *A
quoy M. le Lieutenant Criminel repartit : Voilà mal travaillé ; & que
pour reparer cette faute, il alla luy-mesme faire la lecture de cét Arrest à
M. de la Font.*

Mais si les Iacobins ont fait voir leur temerité, en niant hardiment des faits establis sur la déposition de tant de témoins, & que
M. l'Advocat général Bignon, qui avoit toutes les informations
entre les mains, n'eust pas représenté à la Cour avec tant de force
& d'éloquence, s'ils n'eussent pas esté tres-constans ; ils ont fait
éclatter leur mauvaise foy & leur insolence dans les moyens &
dans les vray-semblances, dont ils se sont servis pour se justifier de
tous ces excés.

*On respond aux moyens, dont les Iacobins se sont servis, pour
couvrir les excés qu'ils commirent dans leur Réintrusion.*

ON n'éxaminera point icy les faicts particuliers que les Iacobins avancent, parce qu ils sont suffisamment détruits
par la déposition de tous les témoins, dont on vient de rapporter
les paroles, & dont le public est assez informé, aprés la lecture qui
en a esté faite à l'Audiance de la Tournelle ; ce qui a donné lieu
aux Iacobins mesmes de dire que *les informations sont devenuës pu-* [a pag. 103. l. 26.]
bliques. [a]

On ne s'arrestera point aussi à faire voir la fausseté des calom-
nies, dont ils couvrent le F. Firmin,[b] pour se décharger du juste [b pag. 105. 106. et 107.]
reproche qu'on leur a fait de s'estre emparez de la chambre & des
biens de M. le Febvre, qui faisoit la fonction de Prestre dans l'Hermitage. Car si c'estoit le F. Firmin qui avoit détourné tous les
biens de cét Ecclésiastique aprés sa mort ; & si la maniere dont il
mourut n'avoit rien qui leur en fist appréhender l'éclaircissement, pourquoy s'opposérent-ils à l'exécution de l'Arrest du
5. May, par lequel il estoit ordonné qu'vn Huissier *se transporteroit
sur les lieux pour dresser vn procez verbal* ; & pourquoy les Prestres &
les Hermites ayant demandé en execution & en explication de
ce mesme Arrest, qu'il fust informé des excés & de l'assassinat
commis en la personne d'vn autre Ecclésiastique, qui alloit prendre la place de ce deffunt ; & la Cour ayant ordonné par son Arrest du 26. May 1663. qu'*il en seroit pareillement informé*, les Iacobins se sont-ils opposez aux qualitez & à l'execution de ce second

Arreſt ? Cette fuite peut-elle paſſer en Iuſtice pour autre choſe que pour vne conviction manifeſte de leur crime ; & n'eſt-ce pas le propre de ceux qui *font le mal de hayr la lumiere, & de ne s'appro-cher point de la lumiere de peur que leurs œuvres ne ſoint découvertes?* [a]

On s'attachera donc ſeulement à l'artifice dont les Iacobins ſe ſont ſervis, [b] pour affoiblir l'autorité de tous les témoins, & cel-le des informations, qui ont eſté faites de tout ce qui s'eſt paſſé ce jour là ſur le Mont-Valérien.

Ils diſent, 1. qu'*vne partie des faits*, que l'on avance contre eux, ſont *appuiez ſur les informations de Nanterre*, 2. que *ces in-formations ſont fauſſes*, parce qu'elles ſont *appuyées ſur vn fauſſe Re-queſte*, & 3. que *tous les témoins ont eſté pratiquez.*

1. Ce n'eſt point ſur la ſeule information de Nanterre, comme les Iacobins taſchent de l'inſinuer dans cet endroit de leur écrit, que l'on appuye tous les excés qu'on leur reproche ſi juſtement; mais c'eſt particulierement ſur celle de M. Menardeau, Conſeil-ler de la Cour, qui fut commis par Arreſt le 14. Fevrier 1663. pour informer de toutes leurs violences. Les Iacobins, qui ſe ſentoient criminels, & auſquels quelque reſte de remords de conſcience, faiſoit appréhender le chaſtiment, firent deſlors tout ce qu'ils pûrent pour empeſcher qu'il ne fuſt informé par Addition des faicts contenus en la Requeſte, que M. de la Font préſenta à la Cour le 8. du meſme mois. Ils mirent oppoſition à l'Arreſt qu'il en obtint le 9. Mais leur oppoſition ayant eſté caſſée le 14. M. Menardeau fit aſſigner les témoins, & proceda à l'addition de l'information.

2. Pour ce qui eſt de l'information du Lieutenant de Nanterre, [c] les Iacobins ne peuvent la traitter *de fauſſeté*, [c] & ſe flatter de leur inſcription en faux, [d] après l'Arreſt du 7. Decembre 1662. par le-quel la Cour a jugé leurs prétentions *non recevables* à cét égard. Outre que l'information par addition faite par M. Menardeau, & la parfaite conformité qu'il y a entre les dépoſitions des témoins, qui ont eſté entendus devant luy, & ceux qui ont depoſé devant le Lieutenant de Nanterre, rend la verité de l'information de Nanterre inconteſtable, quand meſme elle n'auroit pas eſté con-firmée par cét Arreſt.

3. Quant à la maniere fabuleuſe dont les Iacobins racontent [e] que les témoins ont dépoſé, il eſt entierement ridicule de pré-tendre que leurs dépoſitions ayent eſté *concertées* entre eux, & MM. de la Font, Baillu, & Bougy, puiſque le Lieutenant de Nan-

terre,

terre, informa le 9. de Novembre, & entendit chez luy les témoins dés ce jour-là, & le lendemain au plus tard; & que pendant ce temps-là M. de la Font estoit entre les mains des Iacobins en danger de mort, & M. l'Abbé de Bougy à Paris; & tous deux par consequent hors d'estat de se concerter avec les témoins.

Que si les Iacobins veulent faire tomber cette fiction sur les informations faites par M. Ménardeau, à l'égard desquelles ils osent dire *qu'on s'est servy des mesmes voyes*; comme ils n'ont rap- *a ib. l. 34.* porté qu'vne seule apparence de preuve, pour monstrer qu'*il est constamment vray que tous les témoins ont esté pratiquez*, il suffit de l'examiner, pour faire connoistre, jusques où l'imposture de ces Peres peut aller.

Ils disent donc *que M. Baillu offrit à Pierre de Lespée qui avoit* IMPOSTV-
servy les Prestres du Calvaire, Vn habit neuf, s'il vouloit déposer sui- res des Iacobins
vant les mémoires qu'il luy présenta, & qu'il ne le voulut point accepter. touchant les té-
Les Iacobins n'eussent peut-estre pas témoigné si hardiment, moins.
qu'ils estoient prests de s'en rapporter au témoignage de Pierre *b pag. 104. l. 11.*
de Lespée, s'ils eussent crû qu'on l'eust pû trouver facilement.
Mais comme ils ignoroient sa demeure, ce qui est évident, parce qu'ils disent qu'il *n'est point sorty de Paris*, quoy qu'il demeure à Pincourt, ils se sont imaginez qu'on le rencontreroit aussi peu que *ce jeune homme qui estoit Laquais chez M. de Bougy*, que l'on n'a pû rencontrer; & qu'ainsi ils pouvoient feindre ce qui leur plairoit de l'vn & de l'autre. Cependant, comme on sçait où demeure Pierre de Lespée, on l'a esté trouver selon leur conseil; & voicy vn Certificat qu'il a donné de sa propre main, par lequel *on apprendra* c *Fact. des Iac.* plus clairement, que ces Religieux ne voudroient, *de quel costé est* *pag. 104.* le mensonge ou la verité. c

I E sous-signé *declare & certifie à tous qu'il appartiendra, que ce qui est dit de moy en la réponse aux troisiémes calomnies du Factum des Iacobins, fait contre les Prestres de la Congrégation du Calvaire mes Maistres cy-devant, est faux, & que Maistre André Baillu Prestre de ladite Congréga-tion* NE M'A IAMAIS PARLE' D'AVCVNE DEPOSITION A FAIRE SVR CE QVI ARRIVA AV CALVAIRE *du Mont-Valérien le 7. 8. &* 9. *de Novembre de l'année 1662*, NY PRESENTE' AVCVNS MEMOI-RES, NY OFFERT AVCVN HABIT, *ny promis aucune chose pour dépo-ser contre les Iacobins & ceux de leur party, en faveur & à l'avantage dudit Baillu, & d'aucuns Prestres de la Congrégation, comme le suppose leur Factum, en la réponse susdite, au commencement de la page 104. Fait à Pincourt le 22. Avril 1664,* PIERRE DE LESPE'E.

Ff

On peut juger par cette seule fausseté quelle créance on doit donner à tout ce que les Iacobins ont allegué malicieusement pour infirmer l'autorité des tesmoins, que leurs bonnes mœurs, & le bien qu'ils possédent suffisant pour les entretenir, mettent hors des atteintes du moindre soupçon contre leur foy.

En effet si ces témoins eussent esté capables de se laisser corrompre, ne se fussent-ils pas laissez aller aux intrigues & aux artifices des Iacobins? Ces Religieux n'envoyerent-ils pas deux Sergens par les maisons de Suresnes, pour disposer les témoins à dire de certaines choses, & à n'en pas dire d'autres? le Sergent qui fut envoyé par M. Menardeau pour assigner les témoins devant luy, ne les r'encontra-t'il pas dans cette occupation? M. Nevelet mesme, qui n'a rien oublié pour faire civiliser ce procés criminel à la grande Chambre, laquelle eut mesme quelque contestation sur ce sujet avec la Tournelle, & qui ayant pris le procés au Greffe de Langlure le garda trois jours ou enuiron pour en faire l'extrait, côme le Greffier l'avoüa lors que M. Menardeau alla pour prendre le sac, M. Nevelet, dis-je, n'alla-t'il pas souvent au Greffe pendant que M. Menardeau informoit, & entendoit les témoins: ne passa & ne repassa-t'il pas plusieurs fois pour découvrir ce qui se passoit: & ne parla-t'il pas mesme plusieurs fois au Greffier?

Pour ce qui est de l'assassinat de M. de la Font concerté par les Iacobins avec les Exempts, ce n'est pas une fort bonne voye pour s'en justifier que de demâder *des témoins qui en ayent deposé.* Côme si l'on avoit prétendu en declarant *que l'on n'avanceroit rien que l'on ne fust prest de justifier par les informations*, que les témoins eussent pû déposer des intentions des Iacobins, qui leur ont esté cachées: ou comme s'il falloit d'autres preuves de cet attentat, que les propres actions des Iacobins mesmes, & des Archers.

En effet, pour peu que l'on fasse de reflexion sur leur conduite, leur conjuration contre la vie de M. de la Font, ne paroistra-t'elle pas toute évidente? Les Iacobins & les Archers ne mangérent-ils pas, & ne beurent-ils pas ensemble à Suresnes? N'y conferérent-ils pas des moyens d'executer leur dessein? Ne firent-ils pas provision d'eschelles & d'instrumens propres à forcer & enfoncer les Portes? Ne montérent-ils pas ensemble sur la Montagne dans cet équipage terrible? D'abord qu'ils y furent arrivez, M. Lasnier ne fit-il pas commandement de dresser les éschelles: & ne fit-il pas entrer dans le clos pardessus les murs une partie des Iacobins armez & des Archers? dés que ces gens y furent descendus, ne firent-ils pas leur décharge, sans attédre un nouvel ordre? Ne rompirent-ils pas la porte de la court, & ne se vinrent-ils pas attacher, après l'avoir rompuë, à celle de la maison, sans avoir parlé à qui que ce fust de ceux qui y estoient enfermez. M. l'Asnier de son costé s'estant avancé sur le devant de la maison qui regarde les Croix, & pouvant, s'il avoit un ordre, le signifier à M. de la Font, qui y parut, & qui luy demanda à le voir, ne le r'envoyat'il pas de l'autre costé, où cét Exempt croyoit qu'il n'y avoit que les Archers & les Iacobins, qui avoient esté commis pour cét assassinat?

Si toutes ces choses n'avoient point esté resoluës entre M. Lasnier & les Iacobins, pour l'execution de ce pernicieux dessein, M. Lasnier ne se fust-il pas contenté, selon le devoir de sa charge, de faire les significations & les sommations ordinaires : & en cas de refus, n'eust-il pas pû faire entrer dans le clos autant de Iacobins & d'Archers, qu'il luy eust plû ; les placer dans les postes qu'il eust voulu ; empescher que personne n'entrast ou ne sortist de la maison, sans estre apperçu de ses gens ; & aprés avoir ainsi pris toutes ses précautions jusques à l'arrivée de M. le Lieutenant Criminel, qui estoit le seul Commis en cette affaire, & qui ne vint qu'vne demie heure aprés que les maisons des Prestres & des Hermites eurent esté forcées, & que M. de la Font & le pauvre Boulanger de Nanterre eurent esté assassinez, n'eust-il pas contraint par cette conduite, qui estoit d'vn devoir indispensable, les Prestres du Calvaire, ou à faire éclatter leur rebellion prétenduë, dont il y auroit eû alors autant de témoins, qu'il y en a eû des violences & des excés que l'on a commis contre eux ; ou enfin à se rendre & à obeïr à l'Arrest du Conseil.

Mais si l'on eust gardé les formes, on n'eust pas pû deffaire les Iacobins du plus grand obstacle qu'ils avoient à leur usurpation. Dés que les Prestres du Calvaire eussent apperçu l'ordre du Roy, ils y eussent obey, & eussent souffert sans resistance, qu'on eust abusé du nom de sa Majesté, & de la surprise qu'on avoit faite au Conseil, pour les chasser vne seconde fois de leur maison, & les dépoüiller de tout ce qu'ils possedoient. Et c'est cela mesme que les Iacobins ne vouloient pas ; parce qu'ils sçavoient bien que s'ils échappoient encore à leurs violences, qu'ils porteroient leurs plaintes devant les tribunaux, & qu'on vengeroit enfin les injures, qu'ils leur avoient faites.

Et il ne sert de rien pour couvrir cét attentat d'alleguer, 1. que

a pag. 94. l. 36. L'on sçavoit que les Prestres estoient resolus de resister, *a* & que c'estoit pour cela qu'on partoit de Paris suivy d'Exemts & d'Archers. Car c'est ce qui rend les Iacobins encore plus coupables du sang, qui a esté répandu sur le Calvaire; puisque suppofé qu'ils crûssent que les Prestres estoient resolus de resister, ne devoient ils pas tenter toutes les voyes imaginables pour les obliger à se rendre, pluftost que de recourir à la force ouverte. Des Religieux devoient-ils exposer pour un interest injuste, la vie & le salut éternel d'un grand nombre d'Archers qu'ils conduisoient avec eux à ce carnage? & devoient-ils s'exposer eux-mesmes à ravir le bien d'autruy par les efforts d'une ambition damnable, & d'une violence toute Payenne?

b pag. 107. 2. Il ne sert de rien pour couvrir cét attentat d'opposer *b* les paroles du nommé Giroult, qui est un des témoins, qui ont déposé devant M. Menardeau, à celles du Factum des Prestres & des Hermites; puis que les paroles de tous les autres témoins se trouvent entiérement conformes à celles du Factum des Prestres & des Hermites; & qu'il ne s'agit point de sçavoir si M. de la Font a esté blessé *au devant* ou *au derriere de la maison*, mais s'il *l'a esté en demandant l'ordre.* Et c'est ce dont Giroult convient avec tous les autres témoins.

c pag. 97. 3. Il ne sert de rien pour couvrir cet attentat de dire, *c* que *c'est faire profession de passer pour ridicule d'avancer, qu'on ait reconnu les Iacobins à la voix.* Ces Religieux se fussent bien passez de tourner en raillerie vn faict, qui leur devoit tirer les larmes des yeux; puisque ce n'est point vne chose si extraordinaire, que l'on reconnoisse & que l'on distingue les personnes à la voix; & qu'il ne faudroit pour les en convaincre, que ces paroles d'Isaac dans l'Escriture *d Genes. 17. 22.* sainte: *d Vox quidem, vox Iacob est; sed manus, manus sunt Esaü;* si leurs voix en cette occasion n'avoient pas esté, aussi-bien que leurs mains, des voix & des mains d'Esaüs.

e pag. 93. l. 12. Enfin, il ne sert de rien pour couvrir cet attentat de dire *e* que *f pag. 39.* *les procés verbaux de M. le Lieutenant Criminel & de M. Lasnier, mettent les Iacobins à couvert de ces indignitez qu'on leur impose, & que l'on ne peut point mettre en balance M. le Lieutenant Criminel & le Lieutenant de Nanterre;* puisque l'on n'oppose point les seules informations du Lieutenant de Nanterre aux procés verbaux de M. le Lieutenant Criminel; mais les informations qui ont esté faites par M. Menardeau, Conseiller de la Cour, commis par Arrest du Parlement, pour informer par addition de ces desordres.

Car

Car c'eſt dans ces informations , dans leſquelles le Commiſſaire n'a eû aucun intéreſt de juſtifier l'irrégularité de ſa conduite, & de celle de ſes Officiers, *qu'il faut chercher la verité comme dans la ſource où elle reſide* : & elle ne peut eſtre qu'*alterée ou corrompuë* dans des procés verbaux, où il n'y a aucun fait, qui ne ſe trouve contraire à la dépoſition de tous les témoins, qui ont eſté entendus par l'ordre de la Cour , & où l'intéreſt que ceux qui les ont dreſſez ont eû de rendre les autres criminels , afin de couvrir leurs propres injuſtices , ne paroiſt que trop. De ſorte que ces procés verbaux de M. le Lieutenant Criminel, & de M. Laſnier, dont les Iacobins ſe vantent tant, ne ſont, ſelon l'expreſſion de S. Bernard, a *que des feuilles de figuier, par leſquelles les Iacobins couvrent, à l'exemple de nos premiers péres, la nudité honteuſe de leurs conſciences corrompuës.*

a *Epiſt. 7. ad Adam Monac. n. 9.*

On répond aux vray-ſemblances, dont les Iacobins ſe ſont ſervis pour couvrir les excés, qu'ils ont commis dans leur Reintruſion.

IL ne reſte plus qu'à éxaminer les vray-ſemblances, dont les Iacobins ſe ſont ſervis pour couvrir leurs excés & leurs violences : & puiſque ces Religieux ont fait conſiſter le plus fort de leur deffenſe en cela ; & qu'ils ont crû que pour ſe juſtifier des crimes, qu'ils avoient commis, il ſuffiſoit d'alleguer la ſainteté de leur profeſſion ; il faut s'attacher particulierement à faire voir, que ces vray ſemblances ſont incapables d'affoiblir les preuves ſur leſquelles ſont appuyez les veritables crimes qu'on leur reproche, & que l'habit & le nom, dont ils ſe glorifient, ne peuvent ſervir qu'à les rendre plus coupables. *Car la malice qui s'appelle bonté*, dit Salvien, b *eſt beaucoup plus dangereuſe & beaucoup plus puniſſable ; & le plus grand peché de l'impie, eſt de porter vn nom de Saint. Magis enim damnabilis eſt malitia quam titulus bonitatis accuſat, & reatus impÿ, pium eſt nomen.*

b *De Gubernat. lib. 4.*

On ne prétend point inſpirer icy du mépris pour les bons Religieux, ny diminüer l'eſtime que l'on doit avoir de ceux, qui ſe retirent dans les Cloiſtres, pour y mourir au monde, & ne vivre plus que pour Ieſus-Chriſt.

On prétend ſeulement que les Iacobins ne peuvent ſe ſervir de la ſainteté de cét eſtat, pour en faire vn voile à leurs crimes ; & qu'ils n'ont pû, ſans ſe rendre ridicules, s'imaginer pouvoir prou-

G g

ver qu'ils sont innocens, parce qu'ils sont engagez dans vne profession, qui les oblige de l'estre.

Si cette maniere de se justifier estoit reçuë, il n'y auroit point
de vice qu'on ne pût couvrir du nom de Chrestien. Les plus sce-
lerats trouveroient leur impunité dans la disproportion qu'il y
auroit entre le crime, dont ils seroient accusez, & la Religion
Chrestienne, qu'ils auroient embrassée : & ces malheureux, dont
a Mat. 7. 22.   parle Iesus-Christ dans l'Evangile, *a* & qui luy diront vn jour: *Sei-*
gneur, Seigneur, n'avons-nous pas prophetisé en vostre nom, n'avons-
nous pas chassé les Demons en vostre nom, n'avons-nous pas fait plusieurs
miracles en vostre nom? n'entendroient pas ces épouventables paroles, *Ie ne vous connoist point : retirez-vous de devant moy, ouvriers*
d'iniquité.

Cependant ce n'est que sur ces raisons apparentes que les Iacobins fondent toute leur innocence prétenduë, & qu'ils croyent
b pag. 90. l. 35.   s'estre pleinement justifiez, lors qu'ils ont dit, *b qu'il suffiroit de*
proposer les crimes, qu'on leur reproche, *destituez* mesme *des circon-*
stances, dont on les accompagne, pour persüader invinciblement qu'ils
n'en sont nullement coupables.

,, Si l'on represente l'excés de colere, où le P. Dubois se laissa
,, emporter contre le F. Iean Bénard, c'est assez, selon ces Péres,
pour prouver qu'il a esté le plus modéré de tous les hommes, &
c pag. 87. l. 7.   que *ce reproche est mal concerté,* de dire, *c qu'il est ridicule* de prétendre *qu'en présence de tant de personnes, & dans vne action si serieuse, il eût*
parû avec vn visage, où la colére & la vengeance ne paroissoient que trop.

,, Si l'on dit que les Iacobins sont entrez pesle-mesle avec les
,, Archers & les Soldats, & que le P. la Caille monta le premier
,, les armes à la main, c'est assez, selon ces Péres, pour détruire ces
faits, qui sont appuyez sur la déposition d'vn si grand nombre de
d pag. 95. l. 17.   témoins irreprochables, de dire *d* que *c'est vne suite des suppositions*
dont le Factum est remply ; mais de ces suppositions incroyables, qui cho-
quent la vray-semblance, & blessent le sens commun.

,, Enfin, si l'on représente la dureté & l'inhumanité avec la-
,, quelle ils ont traitté de pauvres Habitans de Nanterre, en éxi-
,, geant de l'argent d'eux, & les envoyant encore en prison aprés
e pag. 96. l. 18.   ,, l'avoir reçû, C'est assez, selon ces Peres, de dire, *e qu'il est contre*
le bon sens, qu'vne Communauté ait voulu se deshonorer d'vne maniere si
publique & si scandaleuse, pour vn si petit intérest.

Que cette mesme Communauté n'ait point craint de se deshonorer d'une maniere si publique & si scandaleuse, pour s'empa-

fer de tous les biens des Prestres & des Hermites, cela n'est pas
contre le bon sens, au sens des Iacobins. Mais que *deux Louys d'or,*
dix-huict francs, & six bouteilles de vin ayent indignement prévalu
sur sa conscience, sur ses vœux, & sur sa réputation, c'est ce qui choque
toute vray-semblance; & *c'est un reproche qui n'est bon à faire qu'à des*
Soldats & à des determinez. Comme si les Iacobins, qui ont eû part à
l'usurpation du Mont-Valérien, pouvoient passer pour autre chose, aprés ce qu'ils ont fait dans cette action: ou comme si l'on prétendoit que pour recevoir *ces 18. francs, ces deux pistolles*, & pour
exiger ces six bouteilles de vin, ils eussent assemblé le Chapitre, &
fait une délibération Capitulaire, qui blessast *les vœux & la répu-*
tation de leur Communauté.

On ne prétend point rejetter les crimes des particuliers sur toute la Communauté. On veut croire qu'il y a, mesme dans la maison de saint Honoré, beaucoup de bons Religieux, qui gemissent
en secret & devant Dieu de cét horrible scandale, quoy qu'ils
n'osent le faire en public, ny devant leurs Freres. Et l'on de-
sireroit que la crainte qui les retient de parler, & de s'opposer
ouvertement à leur injustice, les pût un jour excuser devant
Dieu ; que ce silence ne passât point devant luy pour un consentement tacite ; & qu'on ne pût point appliquer à toute leur Communauté, qui ne peut point ignorer les violences de ces particuliers, & le peu de droit qu'elle a sur la Montagne, ce que Salvien a
dit [a] des desordres qui se commettoient de son tems dans la Ville
de Rome. *Diffuso per totam Vrbem dedecoris scelerisque consortio, &*
si hoc commune omnibus non faciebant actus, commune omnibus facie-
bat assensus.

Mais enfin quelque sainte & réguliére que puisse estre la maison
de S. Honoré : de quelque *pratique constante & continuelle des plus au-*
steres vertus que des particuliers de cette Communauté se puissent
glorifier : on soûtient que ceux qui ont côtribué à l'usurpation du
Mont-Valerien ne s'en peuvent prévaloir, puisqu'ils ont assez fait
paroistre par leurs actions, qu'ils ne sont point de ce nombre, mais
du nombre de ces Religieux, dont Taulere, qui a esté un illustre
Prédicateur de leur Ordre, a fait le portrait en des termes, que
l'on n'oseroit mettre en François, parce qu'ils les representent trop
vivement. *Hi Monachi*, dit ce grand Homme, [b] *quibus sola exterior*
conversatio sufficit, eidemque innituntur, adeò plerisque Religiosis
Congregationibus graves fiunt & onerosi, ut præ illis tigres, leones,
& ursos habere tolerabilius ducerent. Per ipsos namque Diaboli quid-

a *De Gubernat.*
Dei, lib. 7.

b *Serm. Fer. 4.*
ciner.

quid vult facile ad effectum perducere potest, ET LICET VIGIN-
TI CVCVLLIS OPERIANTVR, ILLIVS TAMEN IN COR-
DE SATELLITES SVNT.

CONCLVSION.

ON ne croit pas, mes Peres, que quand vous seriez *vingt-
fois plus Réformez* que vous ne vous dittes, vous puissiez
encore alleguer vostre profession pour toute excuse & pour tout
titre, aprés les paroles de ce grand Homme de vostre Ordre, &
aprés tous les excés, que l'on vient de représenter, & qui vous
font appliquer avec tant de justice, ces paroles de Iesus-Christ
dans l'Evangile, *a Itaque testimonio estis vobismet-ipsis, quia filij estis
eorum.*

C'est donc en vain, Mes Peres, que vous prétendez *b vous faire
vn Bouclier* de la *patience avec laquelle vous souffrez* les justes reproches que l'on vous fait de vos injustices, & que vous osez vous
vanter d'estre en cela conformes *à la conduite* des Apostres ; puisque la souffrance chrestienne suppose l'innocence ; & que pour se
pouvoir estimer glorieux en endurant, il faut ne l'avoir pas meri-
té, & ne souffrir pas comme *d des homicides, comme des voleurs, comme des médisans, comme des V surpateurs du bien d'autruy.*

C'est en vain que vous traitez de médisances & de calomnies
les plaintes, qu'vne juste douleur arrache du cœur des Prestres &
des Hermites, & qui sont les effets de la déplorable oppression,
sous laquelle ils gemissent depuis si long-temps ; puis qu'il y a
vne tres-grande difference entre médire, comme vous avez fait,
des personnes ; les décrier & les noircir, par vne passion aveugle,
temeraire & malicieuse ; & reprendre publiquement les crimes &
les excés publics ausquels vous vous estes laissez aller, & que la
vraye Charité Chrestienne reprend sans aigreur, quoy qu'avec
force, parce qu'en haïssant les vices qui corrompent vos ames,
déréglent vostre Ordre, offensent Dieu, & nuisent à l'Eglise, elle
aime vos personnes selon Dieu, & vous sert selon ses Regles, en
vous représentant vos desordres, & vous donnant lieu de les réparer.

Enfin, c'est en vain, qu'aprés avoir comblé vostre cupidité de
crüauté & de sacrilége, & qu'aprés avoir triomphé de l'innocence des Prestres & des Hermites depuis deux ans, vous voulez encore triompher aujourd'huy de la puissance souveraine des Loix,

&

porter vos rapines & vos fourberies juſqu'au tribunal de la Iuſti-
ce, en prétendant ᵃ que le Parlement a autoriſé tous vos excés & toutes vos violences par ſon Arreſt du 17. Mars 1663; puiſque tout l'auantage que vous pouvez tirer de la douceur & de la clemence que la Cour a fait paroiſtre dans l'Audiance de la Tour-
nelle, eſt qu'elle a differé pour quelque temps le châtiment, qui eſt dû à vos attentats; & que l'abus que vous faites inſolemment de ſon indulgence, la portera à témoigner bien-toſt par vn Arreſt, que toutes les perſonnes équitables attendent avec impatience, combien elle eſt éloignée d'approuver cette maniere injuſte & ir-
reguliere de s'emparer du bien d'autruy, & de chaſſer à force ou-
verte ceux, qui en ſont les legitimes poſſeſſeurs.

Non, non, Mes Peres, ne croyez point qu'elle permette que tous les crimes, que vous avez commis dans cette vſurpation ſoient couronnez de l'impunité : que l'honneur & les biens de pluſieurs Eccléſiaſtiques & de pluſieurs Hermites, ſoient la proye de voſtre injuſtice, & la victime de voſtre fureur : que vous rendiez tant de perſonnes miſérables pour vous repaiſtre du ſpe-
ctacle de leur miſére : que vous ſacrifiiez deux ſaintes Commu-
nautez à voſtre ambition, & à voſtre cupidité : que ces meſmes mains, qui ont verſé le ſang des innocens ſur le Calvaire, & qui en ſont encore toutes ſanglantes, y préſentent le ſang de Ieſus-
Chriſt en holocauſte ; & qu'*offrant à Dieu des Sacrifices de la ſubſtan-
ce de ces pauvres Eccléſiaſtiques, & de ces pauvres Hermites*, que vous avez dépoüillez, il reçoive tous les jours, ſelon l'expreſſion de l'Eſcriture Sainte, ᵇ le meſme déplaiſir *que recevroit vn pere, aux yeux duquel on égorgeroit ſon propre fils.*

Elle ſçait qu'elle ne peut vous favoriſer le moins du monde, & vous laiſſer encore long-temps dans cette injuſte poſſeſſion, ſans attirer ſur vous l'indignation du Ciel & de la Terre : que Dieu vangera les Preſtres & les Hermites, ou par les peines ſe-
crettes, mais épouventables de ſa juſtice, ou par le miniſtére de celle qu'il luy a confiée : & que ſi la ſurpriſe & les nullitez de la Lettre de M. le Cardinal de Retz; ſi les fauſſetez & les impoſtures à la faveur deſquelles vous avez oſé vous ſervir juſqu'à preſent de la Lettre de Cachet, & feindre vn agrément de ſa Majeſté ; enfin, ſi toutes les intrigues & toutes les violences par leſquelles vous vous eſtes emparez du Mont-Valérien, ſont évidentes aux yeux de tout le monde, elles pourront bien moins eſtre cachées aux yeux de Dieu, qui penetre le fond des cœurs, & qui doit avoir

Hh

ᵃ [illegible]

ᵇ *Qui offert ſa-
crificium ex ſub-
ſtentia paupe-
rum, quaſi qui
victimat filium
in conſpectu pa-
tris ſuo Eccl. 34.
24.*

préparé des châtimens bien terribles à ceux qui, comme vous, auront dépoüillé leurs Fréres, puisqu'il condamnera aux flammes éternelles ceux, qui n'auront fait autre chose que de ne les pas revestir.

Ne vous flattez donc plus, Mes Peres, de ce que vous estes Religieux. La Iustice a les yeux fermez à toutes ces considérations, & si elle les avoit ouverts, pour envisager les qualitez des parties, ce seroit sans doute pour les attacher sur les Prestres & sur les Hermites, que vous avez traittez avec tant d'inhumanité, & que vous avez dépoüillez si crüellement de tout ce qu'ils possedoient.

Ne pensez point qu'vn nom si venerable vous puisse servir dans vne Cour, où il n'y a que la verité & le bon droit qui persüadent les Esprits, où tous vos mensonges & toutes vos impostures sont connuës, & où l'on ne protége que les Religieux, qui font consister toute leur gloire dans *le travail*, dans *l'obscurité de leurs Cloistres*, & dans *la pauvreté volontaire, qui sont les trois qualitez qui relé-* vent, selon S. Bernard, *a l'èclat de la vie Monastique;* & non pas ceux qui, comme vous, ne cherchent qu'à s'agrandir par toutes sortes de voyes, & à ravir injustement le bien d'autruy. *Vestri autem oculi omne sublime vident.... Vestra manus omne alienum rapinat patrimonium.*

a Tract. de mor. & Off. Pral. c. 9.

S. Bern. ibid.

Fautes survenuës dans l'Impreßion.

PAge 1. ligne 5. declare *lisez* declaré, p. 12. l. 2. procez *l.* procés, & par tout ailleurs, p. 13. l. 13. & y introduire *l.* afin d'y introduire, p. 15. l. 2. *Andræum l. Andræam,* Ib. l. 33. Ils disent que *l.* ils disent 1. que, p. 16. l. 11. essez *l.* assez, p. 19. l. 12. il fit entendre *l.* & fit. ib. l. 14. vne nommée *l.* & vne nommée, p. 20. l. 5. *à ces bons Peres l.* a ces bons Peres, p. 26. l. 18. p. 57. L. 13. p. 59. l. 2. p. 62. l. 39. fonds *l.* fond, p. 38. l. 16. l'empressement *l.* & l'empressement, p 42. l. 18. *silance l.* silence, p. 44. l. 33. qu'on fait *l.* qu'on sçait, p. 51. l. 14. les donations *l.* les vnions, Ib. dans la marge, *Seß.* 42. *l. Seß.* 43. p. 53. l. 4. oberrée *l.* oberée, p. 54. en la l. 11. du passage qui est en marge *omnis l. annis,* p. 55. l. 33. le peu *l.* & le peu, p. 59. l. 33. de dire: *l.* de dire, p. 60. estrange circonspection *l.* estrange circonspection! p. 62. l. 15. p 64. l. 6. *spectre l. spectres,* ib. l. 27. qu'on ne dise point *l.* qu'on ne dise donc point, p. 81. l. 37. *à leur donner l. & leur donner,* p. 82. l. 25. *d'vne sainteté l.* d'vne bonté, p. 108. l 12. *Reli. l. Religieux,* p. 110. l. 48. effroyabres *l.* effroyables, p. 118. l. 12. connoist *l.* connois.

TABLE.